KB261985

세금을 없애고 지대를 걷자

세금을 없애고 지대를 걷자

지은이 | 로널드 버지스
옮긴이 | 김윤상
펴낸이 | 김성실
편집기획 | 최인수 · 여미숙 · 한계영
마케팅 | 곽홍규 · 김남숙 · 이유진
편집디자인 | 하람 커뮤니케이션(02-322-5405)
제작 | 삼광프린팅
펴낸곳 | 시대의창
출판등록 | 제10-1756호(1999. 5. 11.)

초판 1쇄 펴냄 | 2011년 1월 3일

주소 | 121-816 서울시 마포구 동교동 113-81 (4층)
전화 | 편집부 (02) 335-6125, 영업부 (02) 335-6121
팩스 | (02) 325-5607
이메일 | sidaebooks@hanmail.net

ISBN 978-89-5940-197-0 (03330)

- 책값은 뒤표지에 있습니다.
- 잘못된 책은 바꾸어드립니다.

Public Revenue Without Taxation by Ronald Burgess
Original Copyright © Ronald Burgess, 1993
This original edition was published in English by Shepheard-Walwyn, London.
Korean translation Copyright © 김윤상, 2010
All rights reserved.

세금을 없애고 지대를 걷자

로널드 버지스 지음
김윤상 옮김

Public Revenue without Taxation

시대의창

이 책의 핵심 주장은 '세금을 철폐하고 그 대신 토지소유자에게서 지대를 받아 정부재정에 충당하자'는 것이다. 이 책에서는 조세를 '정부가 국민에게 강제로 부과하는 금액 중에서 대가 관계가 없는 금액'이라고 정의하므로 지대는 정부가 강제로 부과하더라도 조세가 아니다. 지대를 정부에 납부하더라도 납부자의 관점에서는 토지사용을 위해 자발적으로 납부하는 시장지대와 다르지 않기 때문이다.

이 책에서는 인플레이션과 실업이라는 이중고에 시달리는 현대 선진 각국의 경제 문제는 조세 때문에 생긴다고 진단한다. 잘못된 조세제도로 인해 진정한 사유재산제도가 무시되어 생긴다는 것이다. 그리고 이를 해결하기 위해서는 조세를 없애야 하며 그 대신 공공에 의해 발생한publicly produced 공적 가치인 지대를 징수하여 정부재정에 충당해야 한다고 처방한다.

이명박 정부가 집권한 이래 '경제를 살리기 위해서'라는 명분으로 부자감세 정책을 실시하였다. 1980년대 영국의 대처 수상, 미국의 레이건 대통령 등이 실시한 이래 30년 가까이 여러 나라에서 채택해온 정책이다. 그러나 최근에는 복지가 정치권의 중요한 화두로 등장하였고 심지어 종래 복지에 대해 무관심 내지 반감을 가지고 있던 한나라당마저 복지를 내세우지 않으면 표를 잃는다는 위기감을 느끼고 있다. 또 복지를 지향하는 많은 사람들이 복지 재원을 마련하기 위해서는 증세가 불가피하다고 생각한다.

이 책은 경제를 위한 감세든 복지를 위한 증세든 세금에 대한 근본적인 생각을 바꾸지 않으면 경제도 복지도 안 된다는 경고를 주고 있다. 일견 매우 이단적인 주장 같지만 조금만 생각해보면 매우 평범한 주장이다. 데자뷰라고 할까. 경제나 조세 관련 교과서에는 예외 없이, 대부분의 세금은 경제에 짐이 된다는 사실, 부작용이 없는 가장 좋은 세금은 토지보유세라는 사실을 인정하고 있다. 사실 경제이론 치고 이만큼 보편적인 지지를 받는 이론도 드물다. 이런 평범하고 공인된 진리를 왜들 외면하고 있는지 이상할 정도다. 이 책은 이 점을 명확하게 지적하면서 부인할 수 없는 결론, 즉 세금을 없애고 지대를 걷자는 메시지를 전하고 있다.

옮긴이는 이 책이 영국에서 출간된 이듬해인 1994년에 대학원 교재로 채택하고 번역하였다. 그런데 그 원고가 강산이 한번하고

도 반이 넘게 변한 이 시점에 책이 되어 나왔다. 그 동안 IMF 경제 위기, 미국발 금융위기 등을 거치면서 출판사 사정이 좋질 않았던 모양이다. 옮긴이도 출판을 서두르지 않았다. 그러나 출판 시점은, 감세냐 증세냐에 국가적 관심이 쏠리고 있는 지금이 과거 어느 때보다 더 적절해 보인다. 책도 사람처럼 다 때가 있나 보다.

번역 직후 경북대 오영수 교수께 원고 검토를 부탁드렸는데 오 교수께서 바쁜 가운데 시간을 내어 성의 있게 읽고 여러 조언을 해준 데 대해 감사드린다. 그 사이에 이 책의 저자 버지스 씨는 타계하였고, 유족이 너그러운 조건으로 번역서 출간을 허락해주었다. 저자 및 유족 그리고 중간에서 연락을 맡아준 세퍼드월윈 출판사의 워너Anthony Werner 사장에게 감사드린다. 또 책의 가치를 알아보고 출판 약속을 지킨 시대의창출판사에도 감사드린다.

길지 않은 책이지만 그래도 딱딱한 책을 읽는 독자를 위해 원문에는 없는 요약을 각 장의 첫 머리에 그리고 책 맨 뒤에 붙였다. 도움이 되기를 바란다.

옮긴이

차례

그림 차례

1

들어가며

20세기의 경제학은 수요측면 학파와 공급측면 학파로 나

뉘어 서로 상반된 정책처방을 제시하여 왔지만 어느 쪽도

실업과 인플레이션을 동시에 해결하지 못하였다. 그러나

모든 조세를 철폐하는 대신 토지의 공적 가치를 징수하여

공공지출에 충당한다면 두 문제를 모두 해결할 수 있다.

20세기에 들어 경제학계의 주류가, '공급은 자신의 수요를 창조한다'에서 '수요는 자신의 공급을 창조한다'로 바뀌었다가 다시 '공급은 자신의 수요를 창조한다'로 되돌아갔다. 이 과정은 계속되고 있으며 시계추가 다시 반대 방향으로 움직이려는 조짐이 보인다. 이러한 변화는 수요측면 이론과 공급측면 이론의 구분에서 비롯되었으며 각 이론은 나름대로 학파를 구성하고 스스로 완성된 이론이라고 하고 있다. 그러나 각 이론은 한쪽 측면만을 보기 때문에 실제로는 하나인 경제를 왜곡하고 있다. 빵 반쪽은 없는 것보다 낫다고 하지만 반쪽 경제 이론은 통이 하나밖에 없는 바지와 같다. 이런 옷은 없는 것만 못하다. 반쪽 이론에서 나온 정책 처방은 정치인과 유권자를 오도한다. 세계 여러 나라가 이런 정책 때문에 불황과 인플레이션을 차례로 겪었고 이제는 두 문제가 동시에 발생하는 소위 슬럼프플레이션slumpflation을 겪고 있다. 케인스John M. Keynes(1883~1946)는 1946년 사망하기 몇 달 전에 건배를 하면서 "문명의 수탁자는 아니더라도 문명 가능성의 수탁자the trustees of the possibility of civilisation인 영국왕립경제학회, 경제학, 경제학자를 위하여"라고 하였지만(Harrod, 1951), 오늘날 경제학은 정부도 유권자도 전혀 만족시키지 못하고 있다.

소위 '케인스 학파'는, 케인스 경제학의 정신과 이론의 상당 부분을 무시하는 가운데 총수요를 중시한다는 점에서 명칭을 수요측면 학파라고 하는 것이 더 정확할 것이다. 수요측면 학파의 정책 처방은 대체로 공공지출을 늘려 '완전고용' 내지 그와 비슷한 수준에서 경제가 운용될 수 있도록 총수요를 유지하는 것이다. 수요측면 학파에서 사용하는 완전고용이라는 개념과 이를 달성하기 위한 수단은 케인스보다는 베버리지William H. Beveridge(1879~1963)에 더 가깝다. 베버리지는 『자유사회의 완전고용Full Employment in a Free Society』에서 "완전고용의 첫째 조건은 한 국가의 모든 인력을 동원해야만 생산할 수 있는 생산량에 상응하는 수요량이 되도록 총지출의 수준을 항상 높게 유지해야 한다는 것이다. 그래야만 빈 일자리의 수가 구직자의 수와 같거나 많을 수 있기 때문이다"라고 하였다(Beveridge, 1944). 그러나 케인스는 '완전고용'이라는 용어를 특정 수치의 실업률과 연계시키지 않고 단지 '진성 인플레이션true inflation'이라고 할 수 있는 어떤 상태를 지칭하는 데 사용하였다(Keynes, 1936, 제5권 제21장, p. 303). 또 케인스는 '공급은 항상 자신의 수요를 창조한다'는 소위 세 Jean B. Say(1767~1832)의 법칙을 비판했지만, 그렇다고 해서 그 반대로 '수요는 항상 자신의 공급을 창조한다'고 주장하지도 않았다. 수요측면 학파에서 내놓는 정책처방의 저변에는 후자의 가정(케인스가 주장하지도 않은 가정)이 깔려 있는 것으로 보인다. 그러나 '완전고용' 달성에 필요한 고수준의 공공지출, 조세수입 증가, 공공지출 목적의 정부차입이 결합하면 반드시 인플레이션이 가속화된다는 사실은 이미 입증되어 있다.

콜린 클라크Colin G. Clark(1905~1989)가 제2차 세계대전 이전 세계 각국의 자료를 근거로 하여 1945년 『이코노믹 저널The Economic Journal』에 발표한 논문에 의하면, 정부의 총조세수입과 차입액이 국민순생산NNP의 25퍼센트를 상회하면 인플레이션이 불가피하다고 한다. 케인스도 이 견해에 동의했다는 기록이 있고 그 후 세계 각국에서 나타난 결과도 이를 뒷받침하고 있다. 수요측면 학파가 말하는 완전고용 예산에 필요한 공공지출 수준은 클라크가 제시한 25퍼센트 한도를 훨씬 초과한다. 인플레이션에 대한 수요측면 학파의 대책은 중앙계획을 통해 소득, 가격, 국제무역, 자본이동 등 민간영역에 대해 광범위하고 구체적인 정부통제를 실시해야 한다는 것이다. 그러나 정부통제에 의해 빚어지는 자원배분의 왜곡이나 개인 자유의 감소는 자유주의 취향을 가진 서방세계 유권자에게 맞지 않음이 입증되었으며, 게다가 인플레이션이 기승을 부림에 따라 수요측면 학파는 그 영향력을 잃고 말았다.

수요측면 학파의 퇴조에 따라 통화주의자 내지 공급측면 학파라고 하는 시카고 학파가 권위를 누리게 되었다. 이 학파의 제일의 목표는 인플레이션의 근절이다. 공급측면 학파의 정책처방에는 통화 공급을 통제하고 민영화 등의 방법으로 공공부문을 감축하고 공공지출과 조세수입을 줄여 인플레이션을 경제체제 밖으로 몰아내는 내용이 들어 있다. 이러한 정책의 실시와 때를 같이하여 세계적으로 인플레이션율은 하락하였지만 실업률이 다시 높아졌다. 초기 시카고 학파에 속했던 해리 존슨Harry G. Johnson은 이에 대해 1971년에 "인플레이션은 대량실업보다 훨씬 덜 심각한 문제라고 한 케인스 학파의 말이 맞다. 비교적 적은 대가를 치르고 인플레이션을 억제하든지 인플레이션을 참고 견디든지 하는 수밖에 없다"고 하였다(Johnson, 1971). 더구나 민영화를 통해서 공공부문의 규모를 적극 축소하려 했던 나라도 있는데, "대처Margaret Thatcher 정부가 가문의 살림밑천을 팔아치운다"고 했던 스톡턴 경Lord Stockton의 비판이 아주 적절하다. 민영화가 분명한 경제원리에 따라 이루어지는 것은 아니다. 정부는 특정 기업이나 산업을 떼어냄으로써 단기적으로 재정상의 이익을 얻을 수 있다고 판단하면 그것을 민간부문에 불하한다. 공급측면 정책이 공공지출이나 조세수입을 줄이는 효과가 있었다는 증거는 거의 또는 전혀 없다. 어떤 공공지출 항목은 삭감되기도 했지만 다른 항목은 증가하였다. 마찬가지로 어떤 조세는 감면되기도 했지만 다른 조세는 증가하여 총조세액은 오히려 늘어난 경우가 많았다. 영국에서 새로운 공급측면 정책이 실시된 것은 1979년부터다. 그런데 그 후 10년 동안 조세수입은 국민순생산의 38.6퍼센트에서 약 40퍼센트로 오히려 늘어났다.

공급측면 학파가 경제학 발전에 크게 기여한 것은 사실이지만, 대중적 호소력을 얻은 것은 수요측면 학파의 방만한 정책에 대한 반동의 결과다. 공급측면 학파는 국민에게 더 많은 자유를 주고 정부의 간섭과 조세를 줄이면서 공공지출도 감축하자고 주장한다. 이 중에서 자유의 확대, 정부간섭과 조세의 축소는 국민의 환영을 받지만 공공지출 감축은 그렇지 못하다. 공급측면 정책은 공공경비를 충당하는 방법으로 조세 이외의 대안을 제시하지 못한다는 점에서 일면적인 정책에 불과하다. 이러한 철학은 근본적인 결함을 안고 있다. 예를 들어, 노직Robert Nozick(1938~2002)은 조세를 부당하다고 하면서도 그 필요성을 인정하였다(Nozick, 1974). 노직은 재분배적 조세를 이용한 로빈 후드식 정책을 정면으로 비판하고 이런 목적을 위한 조세는 정당화될 수 없다고 하였다. 그러나 노직은 정부의 의무로서 사유재산 보호, 국방, 법과 질서의 유지를 들고 이런 목적을 위한 조세는 정당화된다고 하였다. 이는 업소를 보호한다면서 그 대가를 요구하는 조직폭력배의 주장과 다름없다. 조세가 부당하다면 불가피하다고 해서 정당화될 수는 없다. 윌리엄 피트William Pitt(1759~1806, 영국 수상)는 1783년에 "자유를 침해할 때마다 불가피하다는 구실을 대지만, 이는 전제자의 논리이며 노예제 지지파의 신조일 뿐이다"라고 말한 바 있다.

정통경제학에서 계속해서 내놓는 정책처방이 실업과 인플레이션을 다 같이 해결할 수 없다는 데 대해 산업화된 교환경제에 사는 사람들은 실망하고 있다. 공공지출을 늘려 실업을 줄이는 정책을 쓰면 인플레이션이 거세져서 그에 따른 폐해를 낳는다. 반反인플레이션 정책을 쓰면 실업률이 높아져서 그에 따른 폐해를 낳는다. 경제학자 중에는 정치인을 비난하는 사람도 있지만 이는 책임회피라고 할 수 있다. 경제정책에서 정치인과 정부는 전문가를 자처하는 경제학자들의 자문을 구하고 또 그에 따르는 경우가 많다. 그러므로 경제정책의 실패는 경제학자의 실패라고 보아야 한다.

인플레이션과 실업은 둘 다 해결되어야 할 문제라는 점을 생각하면 수요측면 학파와 공급측면 학파 간의 현재와 같은 논쟁은 대체로 무의미하다. 이 논쟁은 정의로운 사회의 창출은 물론 '사유재산제 민주주의property owning democracy'를 유지하는 데도

별 도움이 되지 못한다. 이 책에서는 현대 교환경제에서 인플레이션과 실업을 유발하지 않고서 정의로운 사회의 기초를 다질 수 있음을 분명히 보여줄 것이다. 그러나 그렇게 하기 위한 첫째 조건은 정부가 조세 부과를 통해 사유재산을 침해하는 행위를 중단해야 한다는 것이다. 애덤 스미스Adam Smith(1723~1790)는 현대의 공급측면 경제학자처럼 정부의 방만함을 질타했지만 조세 부과에는 찬성하였다. 애덤 스미스는 『국부론』에서 '조세의 원칙Canons of Taxation'을 제시하는 한편, 공공기관의 고유한 수입원이 없다면 "정부의 필요경비necessary expenses of government"는 "국민의 수입revenue of the people"에서 충당해야 한다고 하였다(Smith, 1776, 제5권, 제2장). 그런데 후대의 재정학자들은 거의 예외 없이 애덤 스미스 이론의 한쪽 면만을 중시하였다. 즉 정부가 필수적으로 지출해야 할 사항이 무엇인지 그리고 필요한 조세수입을 '국민의 수입'으로부터 확보하는 효율적이고 실행 가능한 방법은 무엇인지에 대해서만 연구하였다. 공급측면 학파도 애덤 스미스처럼 정부의 방만함을 비판하지만 특정 목적을 위한 조세 부과는 필요하다고 한다. 더구나 수요측면 학파는 조세를 재정정책과 사회정책에 긴요한 수단으로 보고 있다. 현대 교환경제의 사회경제적 문제를 해결하려면 현대의 경제학자는 이러한 전통적 틀에서 벗어나야 한다. 경제학은 애덤 스미스의 다른 한면을 존중하여야 한다. 앨프리드 마셜Alfred Marshall(1842~1924)도 토지의 자유보유권freeholds의 가치를 공적 가치와 사적 가치로 구분하여 본질적으로 공공성을 가진 수입원이 있음을 논증함으로써 이런 연구에 기여한 바 있다. 이런 연구는 애덤 스미스 이전에 중농학파가 시작하였고 그 후 미국의 헨리 조지Henry George(1839~1897)와 그 지지자들이 계승해 왔다(George, 1879). 교환경제의 본질에서 발생하면서 사유재산 원리를 침해하지 않는 공공수입public revenue의 원천이 있다는 사실을 경제학이 정부에 가르쳐 주어야 한다. 또 이러한 공공수입은 모든 조세를 철폐해도 공공경비를 충당하는 데 부족함이 없어야 한다. 이러한 지식을 제공할 때라야 경제학자는 '문명 가능성의 수탁자'라고 여겨질 수 있을 것이다.

2

경제학의 실패

정부는 조세를 통해 사유재산 원리를 침해하고 있으며 그
로 인해 교환경제에서 인플레이션과 실업이 발생하고 사회
적 불공평이 야기된다. 오늘날 경제학계에는 정부 축소를
주장하는 공급측면 학파가 우세한데도 공공수입은 당연히
조세로 확보한다고 생각하기 때문에 문제를 해결하지 못하
고 있다.

조세는, 다음 장들에서 자세히 검토
하겠지만, 인플레이션과 실업의 주요 원인이다. 케인스의 고용에
관한 일반이론을 발전시키면 개방적 교환경제는 모든 조세가 철
폐되어야만 가장 경쟁력 있는 경제, 따라서 가장 번영하는 경제
가 될 수 있다는 결론에 이른다. 조세는, 제3장의 설명에서 보듯
이 모든 고용수준 N에 대해 공급가격 Z를 높이므로, 자유시장에
서 효율과 경쟁을 통해 경제의 총공급가격을 최소로 하기 위해서
는 조세의 철폐가 전제조건이 된다. 그런데도 현대 교환경제의
자유선거 정부는 유권자의 묵인 속에 공공수입의 대부분을 조세
로 충당한다. 그 직접적인 원인은 충분한 공공수입을 확보할 수
있는 다른 적당한 방법을 모른다는 데 있다. 다른 방법을 모르기
때문에 더 이상 따져보지도 않고 조세를 공공수입의 불가피한 원

천으로 생각하게 되었다. 그 결과 공공수입에 관한 논의는 과세 방법이나 과세액에만 국한되어 있으며 조세 이외의 다른 공공수입의 원천에 대한 고려는 정통경제학 문헌에서 자취를 감추고 말았다. 그 근본원인은 경제학자들이 선진 교환경제의 특수성을 제대로 이해하지 못하는 데 있다. 경제학자들은 모든 선진 교환경제에 공통된 경제과정을 다시 연구해야 한다.

기본적인 구분

인간의 노동은 모든 생산과정의 필수요소이다. 생산과정은 인류가 생존과 생활을 위해 자연물을 변형하는 과정이므로 '노동 없이 생산 없다'는 말은 불변의 근본법칙이다. 일부 개인은 이 법칙을 피할 수 있을지 모르나 인류 전체로서는 피할 수 없다. 정의는 살아 있다. 개인 수준에서는 정의가 무시되고 불의가 있을 수 있지만 전체로서는 그렇게 될 수 없다. 모든 생산과정에는 인간의 노동 이외에 물적인 요소도 필요하다. 어떤 경제학자는 물적인 생산요소를 '자본'이라고 부르기도 한다. 그러나 물적인 생산요소를 다시 나누어 노동에 의해 변형되지 않은 자연 상태의 생산요소를 '토지'라고 하고, 노동에 의해 다소간 변형된 물적 생산요소만을 '자본'이라고 하는 학자도 있다. 이러한 구분에 따르면 토지와 노동은 생산의 필수요소이며 어떤 생산과정에서는 두 요소만으로도 생산이 충분히 이루어진다. 분석의 목적에 따라서는 생산요소를 더 세분해야 할 경우도 있지만, 어떤 생산과정에서건 인적 생산요소와 하나 이상의 물적 생산요소가 필요하다는 점에는 변함이 없다. 이는 자족적 가계가 대단히 원시적인 생산을 하는 경우나 선진 교환경제에서 첨단기술을 동원하여 고급생산을 하는 경우나 마찬가지이다. 그러나 교환경제와 비非교환경제 사이에는 근본적인 차이가 있다.

비교환경제에서 예컨대 자족적 가계와 같은 생산단위는 전적으로 가족이 즐기고 소비하기 위해 생산한다. 가족이 관심을 두는 사항은 생산물의 양과 질이다. 풍년이 들면 1년간 잘 지내게 되고 흉년이 들면 굶어 죽을 수도 있다. 오늘날 이처럼 극단적인 자족생산의 예는 드물겠지만, 개별 가구단위로 생산하여 가족이 즐기고 소비하며 물자가 남을 때에만 교환을 하는 지역은 드물지 않다. 이들에게는 생산물의 양과 질이 주된 관심사이며 그 가격은 별로 문제가 되지 않는다. 그러나 교환경제에서는 주로 판매를 목적으로 하여 생산한다. 이와 같이 근본적으로 차이가 나는 상황에서 생산기업은 산출의 양과 질 이외에 시장가격에도 신경을 쓴다. 예를 들어 풍년이 들어도 시장가격이 하락하면 손해를 입을 수 있고 흉년이 들어도 가격이 올라가면 이익을 볼 수 있다. 이처럼 교환경제의 핵심은 산출보다 소득이며 생산기업의 명목소득은 시장가격에 의해 결정된다.

자족적 생산단위로 구성되는 비교환경제에서는 리카도David Ricardo(1772~1823)의 지대이론이 직접 적용된다. 동일한 양의 자본과 노동이 사용토지 중 가장 열등한 토지에 투입될 경우에는 그보다 비옥한 토지에 투입될 경우보다 산출이 적을 것이다. 리카도의 용어로는 이러한 산출의 차이가 '지대'이며, 지대는 특정 위치에서 사용되는 토지와 경작의 한계에 있는 토지 간의 비옥도 차이에 의해서만 발생한다. 토지사유제 하에서 산출은 기본적으로 토지소유자에게 돌아가는 산출물인 지대와 노동제공자에게 돌아가는 산출물인 임금으로 나누어진다. 자본투입의 대가는 임금에서 다시 나누어진다. 그러나 교환경제에서는 리카도의 지대이론이 직접 적용되지 않는다. 일반적으로 토양의 비옥도 차이는 별로 중요하지 않다. 농업의 경우에도, 비옥도는 작물의 종류를 정하는 하나의 요소가 되기는 하지만 소비자나 공급자에 대한 토지의 상대적 위치에 비해서는 중요성이 훨씬 떨어진다. 비옥도는 낮아도 위치가 좋은 농지는 그 반대의 농지보다 더 유리하다. 교환경제에서 일반적으로 중요한 것은 토양의 비옥도가 아니고 특정 위치가 생산기업에 주는 유리함, 즉 외부효과이다. 이러한 유리함은 리카도 지대와 다르다. 뒤에 설명하겠지만 이러한 유리함은 인적 및 물적 생산요소의 결합에 의해 발생하는 반면 리카도 이론에서는 재생산이 불가능한 고정된 요소로부터 지대가 발생한다고 본다.

비교환경제와는 달리 교환경제에서 각 생산요소에 돌아가는 대가는 생산된 산출물이 분배된 것이 아니고 산출물의 판매에서 생긴 소득이 분배된 것이다. 즉 기본적인 분배는 산출물이나 부의 분배가 아니라 소득의 분배라는 것이다. 인적 생산요소에 대한 대가는 기업에 노동을 공급하는 사람에게 돌아가므로 노동소득labor income이라고 이름 붙일 수 있다. 물적 생산요소에 대한 대가는 그 재산권을 가지는 개인 또는 법인에게 돌아가므로 재산소득property income이라고 이름 붙일 수 있다. 흔히 지대, 이자, 이윤이라고 하는 소득은 재산소득을 다시 세분한 것이다. 이런 요소소득의 실질가치는 명목소득으로 구입할 수 있는 각종 상품의 상대적 시장가격에 의해 정해진다. 예를 들어 노동소득의 실질가치는 피구Arthur C. Pigou(1877~1959)의 용어로 '임금재wage goods'의 가격에 의해 정해진다. 임금재란 노동소득으로 구입할 수 있는 상품과 서비스를 말한다. 따라서 명목임금에 변화가 없다고 해도 노동을 제공하는 사람에게 돌아가는 몫은 임금재의 시장가격이 하락하면 증가하고 그 시장가격이 상승하면 줄어든다. 시장가격은 비교환경제에서는 의미가 없지만 교환경제에서는 모든 부문에 영향을 준다.

　교환경제에서는 상품의 판매에서 얻는 수입이 당사자 간의 교섭 또는 시장작용을 통해 노동소득과 재산소득으로 나누어짐으로써 생산요소에 대한 대가가 결정된다. 이러한 기본적인 소득분배는 교환경제의 속성에서 유래한다. 만일 극단적인 빈부격차 등 현대 교환경제에 내재하는 것으로 보이는 여러 사회문제가 이러한 분배 특성 때문에 발생한다고 주장한다면, 그러한 문제가 자유시장 교환경제의 속성에 내재한다고 주장하는 것과 같다. 이러한 주장에는 가난은 현대 교환경제의 속성에 의해 불가피하게 발생한다는 가정이 깔려 있다. 그렇다면 자유시장 교환경제를 탈피하든지 아니면 그 역기능을 완화하는 노력을 해야 한다는 결론이 논리적으로 도출된다.

　이러한 결론이 잘 들어맞는 경우도 있다. 자유시장에서는 하나의 주체가 물적 생산요소에 대한 재산권을 무제한 축적할 수 있다. 그러나 인적 생산요소, 즉 노동에 대해서는 그렇게 할 수 없다. 한 사람이 쏟을 수 있는 노력은 그 시간이나 양에서 한계가 있기 때문이다. 그러므로 재산권이 소수의 수중에 집중될 가능성이 있으며 이런 소수가 생산을 할 경우에는 노동력의 구매자가 된다. 이러한 사회에서는 소수가 더 부유하고 강해진다. 반면 노동력 이외에는 팔 것이 없는 다수는 상대적으로 가난하게 되고, 때로는 노동력마저 팔 길이 없어 극심한 가난에 빠지는 수도 있다. 현대 교환경제에서 흔히 발생하는 이 현상에 대해 많은 사람이 염려하고 있다. 원인에 따른 결과는 피할 수 없겠지만, 이 문제의 원인은 교환경제의 속성에 있는 것이 아니다. 진정한 원인은 인간의 실패human failure, 즉 사회가 사유재산 원리에 충실하지 않다는 데 있다.

극히 예외적인 경우를 제외한다면, 사유재산 원리가 무시될 경우 교환경제에서의 기본적 소득분배는 정의롭지 못하게 된다. 존 스튜어트 밀John Stuart Mill(1806~1873)은 『정치경제학 원리』에서 "재산권 법제가 사유재산 원리에 충실한 적이 없었다"고 비판하였다Mill(1948, 제2권 제1장 셋째 문단). 이 비판은 150년이 지난 지금에도 여전히 유효하다. 밀에 의하면, 사유재산 원리는 "모든 사람이 자신이 노력해서 생산한 것, 기증받은 것, 정당한 합의에 의해 사기나 강박 없이 생산자로부터 취득한 것을 배타적으로 처분할 수 있는 권리를 인정하는 것이 핵심이다"(Mill, 1848, 제2권 제2장 첫째 문단). 밀은 교환경제에서 관습이나 법률에 의해 이 원리가 무시될 때 불행한 결과가 생긴다고 강조하였다. 밀이 펼친 논지의 대부분은 오늘날에도 역시 타당하다. 다만 리카도 이론에 바탕을 둔 밀의 19세기 이론을 직접 현대에 적용하면 약간의 혼동이 생길 수 있다. 그 당시와는 달리 현대의 지주는 두드러진 특수계층이 아니며 적극적으로 소득을 착취하는 계층도 아니다. 토지소유가 오랜 기간에 걸쳐 확산되었고 토지소유자의 상당수는 법이 정하는 범위 내의 소득, 그것도 대체로 생계와 사업 목적의 소득을 소극적으로 얻고 있다. 밀이 지적하였듯이 오늘날 정부는 사유재산 원리를 존중할 의무를 다하지 못하고 있으며 그로 인해 소수의 개인 또는 법인이 경제를 유린하여 사적 이득을 챙기고 있다. 인플레이션, 실업, 기타 현대 교환경제를 좀먹는 불의는 정부가 사유재산 원리를 계속해서 무시하는 데서 생기는 직접적인 결과이다.

| 조세수입

　　교환경제에서는 노동소득이건 재산소득이건 처음에는 모두 사적私的 소득이 된다. 정부가 물적 생산요소를 소유하지 않는 한 일차적인 소득분배에서는 공공수입이 자동적으로 생길 수 없다. 별도의 공공수입이 없을 때 각국 정부는 공통적으로 조세를 부과함으로써 재정문제를 해결하려고 한다. 조세는, 그 명칭이 무엇이든 그리고 정부가 어떤 방식으로 징수하든, 결국 권력을 직접 사용하거나 권력을 배경으로 하여 사적 소득에 일방적으로 부과된다. 즉 모든 조세가 실질적으로 귀착되는 결과는 소득세와 같다(제4장 참조). 조세는 실정법의 힘을 통해 각 납세자가 사적 소득을 임의로 처분하는 권리를 침해한다. 조세는 사적 명목소득을 직접 감소시키는 동시에 물가인상을 통해 사적 실질소득을 간접적으로 축소시킨다. 이처럼 모든 조세는 사유재산 원리를 침해한다. 조세를 관습적 의무customary duties, 보험료insurance, 기부금gifts 등 듣기 좋게 부르기도 하지만 이런 명칭은 과세의 본질을 흐려놓는 허구에 불과하다.

정부나 정치인은 과세를 정당화하기 위해 여러 가지 이유를 둘러댄다. 예를 들어 누진과세는 소득을 부유층에서 빈곤층으로 재분배하는 수단이 된다고 한다. 이런 논리는 중세 로빈 후드에게 도덕성을 부여할 수 있을지 몰라도 20세기 정부의 도덕성에 대한 변호는 될 수 없다. 누진과세가 소득재분배 목적을 달성하는 데 효과적이지 못하며 정부에 의한 재분배는 예산집행에 의해 더 많은 영향을 받는다는 사실을 입증할 실증적인 증거는 많다. 대부분의 경우 과세는 그저 갑의 소득을 뺏어 을에게 이전해 주는 정도인데, 실은 애당초 과세를 하지 않았다면 을의 형편이 더 나았을 것이다. 과세를 정당화하기 위해 내놓는 각종의 이유가 유권자에게 호소력을 가지는 경우도 있고 유권자가 과세의 목적에 따라서는 고율의 조세도 지지한다는 여론조사 결과가 발표되기도 한다. 하지만 그렇다고 해서 과세는 정부에 의한 사유재산 원리의 침해라고 하는 과세의 본질이 달라지는 것은 아니다. 정치인은 '사유재산제 민주주의'라고 입에 발린 소리를 하지만 일단 집

권하고 나면 실정법의 힘을 남용하여 사유재산제의 핵심요소인 '사적 권리의 존중'을 지키지 않는다. 교환이 정당성을 가지려면 당사자가 교환물에 대한 정당한 소유권을 갖고 또 상대방의 권리를 존중한다는 것이 전제가 되어야 한다. 사유재산 원리가 침해되면 교환경제의 기초가 무너지고 만다. 정부는 과세를 통해 끊임없이 이 원리를 침해하고 있다.

| 혼합경제로 가는 길

정부가 공공지출을 조세수입에 의존하는 것은 수입에 따라 지출을 정한다는 양입제출量入制出의 원칙에 어긋난다. 민간부문에서는 양입제출이 늘 적용되는 원칙인데 비해 재정에서는 반대로 정부의 지출결정에 조세수입을 맞추어야 한다는 양출제입量出制入이 오늘날 일반원칙이 되어 있다. 영국정부의 예를 들어보더라도, 지출결정은 겨울에 하고 여기에 맞는 세입예산은 이듬해 봄에 제출한다. 양출제입이 이제 확고한 재정원칙이 되고 말았는데, 이 원칙이 각종의 사회문제 해결에 대한 정치적 압력과 결합하면서 재정은 방만해지고 있다. 사유재산 원리를 준수하지 않는 정책 때문에 빈부격차가 심해져서 사회에 긴장이 조성되면 정치인은 선택의 기로에 놓이게 된다. 사회문제에 대해 별다른 조치를 취하지 않겠다는 정강을 내걸면서 선거 패배를 감수하거나 아니면 무언가 타협책을 마련해야 한다. 선진 교환경제의 대다수 자유선거 정부는 타협책을 선택하였다. 처음에는 이 타협책이 극심한 소외계층을 구제한다는 제한된 범위의 사회정책 또는 복지정책의 성격을 가지고 있었다. 그러나 각국의 경제사정이 어렵게 되자 정치적 압력이 높아지고 또 정부의 선한 의도도 가미되어 점차적으로 막대한 지출이 소요되는 복지국가의 길로 들어서고 말았다. 현재와 같은 상황에서 정부의 복지대책이 필요한 것도 사실이지만 문제는 정부가 이를 위해 조세를 인상하는 것 이외의 대안을 모른다는 데 있다. 정치적 압력과 선한 의도에 쫓기는 무지한 정부가 난국을 헤쳐나가려고 애쓰다 보면 결국 조세를 늘려 공공지출의 재원을 마련하게 된다. 영국의 예를 들어보면, 국민순생산 중 조세수입의 비중이 20세기에 들어 다섯 배로 늘어났고 증가분의 대부분은 복지국가를 수립하고 유지하는 데 들어갔다. 그렇지만 방대한 국가복지가 필요한 상황이 발생하는 제1원인은 조세에 있다는 점을 알아야 한다.

조세는 사적 소득에 일방적으로 부과되므로, 과세의 정치적 의도가 그렇지 않다고 하더라도 납세자의 지불능력을 충분히 감안하지 못하게 된다. 조세가 계속 증가하면 장기적으로 볼 때 가처분 노동소득보다는 가처분 재산소득이 더 줄어든다. 다시 영국의 경우를 보자. 20세기에 영국의 조세는 국민순생산의 8퍼센트 내지 9퍼센트에서 40퍼센트 이상으로 늘어났다. 같은 기간에 가처분 노동소득의 몫은 약간의 기복은 있지만 대체로 고정되었던 반면 가처분 재산소득의 몫은 국민순생산의 45퍼센트 전후에서 약 14퍼센트로 떨어졌다. 재산소득이 조세로 빠져나가면 한계산업에 속하는 기업의 재무상태는 매우 어려워진다. 조세를 납부하고 난 후의 가처분소득으로는 종업원에게 충분한 임금을 줄 수 없고 기업의 재산권을 가지고 있는 사람에게 적절한 대가를 지불할 수도 없으며 기업의 경쟁력을 유지할 만큼의 투자도 하기 어렵게 된다. 이러한 어려움은 농업, 광업, 철도 등 경제 전체의 기초가 되는 산업에서 발생하기 쉽지만, 이들 기초산업은 관세와 같은 보호정책이나 기타 재정지원을 정부로부터 얻어낼 수 있는 힘을 가지고 있다. 보호정책은 교환을 억제함으로써 교환경제 전체에 짐이 되고 재정지원을 위해서는 조세 징수를 늘려야 한다. 이러한 과정을 거쳐 경제적·사회적 난국은 한 단계 한 단계 그 정도가 심해지는 길을 걷는다.

　이러한 길에 정치적 압력과 대책의 시급성이 가세하여 정부는 사양산업에 속하는 기업을 떠맡거나, 도산하는 기업 대신 새로운 공기업을 창설하지 않을 수 없다. 그 결과 소위 '혼합경제'가 발생하게 된다. 혼합경제에서는 국가가 물적 생산요소를 일부 소유하고 거기서 생기는 소득을 공공수입으로 삼아 정부지출에 충당할 수 있다. 그러나 공공부문에 편입되는 산업은 대체로 민간부

문에 있을 때 경영이 실패했거나 실패의 위기에 처해 있던 산업
이다. 그러므로 정부는 재산소득을 얻기보다는 오히려 공무원으
로 신분이 바뀐 종업원에게 적정한 임금을 주고 오랫동안 방치했
던 시설투자 등을 위해 공공지출을 늘려야 할 경우가 많다. 공공
지출을 늘리기 위해 조세를 늘리면 더 많은 기업이 위기에 처하
게 된다. 혼합경제에서 공공부문은 날로 커지기만 하며 공공부문
이 커지면 조세도 역시 늘어난다.

반작용

제2차 세계대전이 끝나고 약 25년간 선진 교환경제의 민선정
부는 방대한 복지정책과 거대한 공공부문으로 인해 야기되는 사
회적·경제적 문제점을 완화해보려고 노력하였다. 조세는 필요한
공공수입을 올리는 수단으로만이 아니라 경제를 운용하는 중요
한 재정수단으로도 인식되었다. 이러한 접근법은 당시 지배적이
었던 수요측면 학파에서 내놓는 정책처방과 대체로 맥을 같이한
다. 그러나 이 접근법이 실효가 없고 문제를 완화시키기보다는
더 큰 문제를 만들어낸다는 사실이 경험을 통해 밝혀지자 경제정
책이나 경제사상에서 반작용이 일어났다. 이 반작용은 오늘날 주
류를 이루고 있는 공급측면 학파와 맥을 같이하는 것으로, 정부

의 감량, 복지정책 대상범위의 축소, 공공부문의 대폭 감축, 조세 감면 등을 내용으로 한다. 그러나 어느 정부도 조세를 상당한 정도로 삭감한 예는 없었다. 정부가 사유재산 원리를 침해하는 조세 이외의 다른 적절한 공공수입 수단을 찾지 못하는 한 최근의 정책도 그 전의 정책처럼 실패하기 마련이다. 신구 어느 경제학도 이런 근본적인 문제에 별다른 도움을 주지 못한다. 리카도 경제학에서 부가 근본적으로 지대와 임금으로 나누어진다고 하였듯이 후대의 경제학에서도 소득이 근본적으로 노동소득과 재산소득으로 나뉜다고 보았지만 자유시장 교환경제의 특성을 옳게 파악하지 못하고 공공수입은 당연히 조세수입이라고 생각하게 되었다. 게다가 조세수입의 크기는 정부가 결정하는 지출액에 의해 정해지는 것이 당연하다고까지 생각하게 되었다.

3

고용에 관한 일반이론

종수요함수와 총공급함수의 교차점에 의해 경제활동 수준

이 결정되는 경향이 있다고 하는 케인스의 고용에 관한 일

반이론은 재정정책이 인플레이션, 실업, 국제경쟁력 등에

미치는 영향을 분석하는 유용한 도구가 된다.

현대의 산업화된 교환경제에서 재정정책을 통해 경제호황을 이룩하려면 정부지출과 과세가 인플레이션, 실업, 국제경쟁력 등에 미치는 영향을 감안하여야 한다. 케인스의 '고용에 관한 일반이론'은 이러한 현상에 대한 분석도구로서 유용한 잠재력을 갖고 있다. 첫째로, 케인스의 이론은 공급과 수요를 같이 고려하기 때문에 수요측면 정책의 효과와 공급측면 정책의 효과를 구분할 수 있다. 수요측면 정책이 적절할 경우도 있고 공급측면 정책이 적절할 경우도 있고 때로는 양자를 혼합하여 사용해야 할 경우도 있다. 둘째로, 케인스의 이론은 단기적으로 산출량과 고용량 간에 함수관계가 있다고 가정하여 산출과 고용을 묶어 단일한 종속변수로 취급한다. 케인스 이전의 소위 '고전파' 경제학의 고용이론과는 달리 케인스의 이론에서는 경제가 자동적으로 완전고용을 이루는 경향이 있다는 가정이 필요하지 않다. 고전파 경제학의 가정은 20세기의 경제현상과 분명히 어긋난다. 케인스의 이론에서는 현대 통화주의에서 말하는 '자연 실업률natural rate of unemployment'이라는 가정도 필요하지 않다. 통화주의의 '자연 실업률'이란 개념은 케인스가 '고전파' 경제학자라고 호칭한 사람들이 사용했던 완전고용의 개념과 별로 다르지 않다. 셋째로, 케인스가 정립한 이론은 예상시장가격expected market prices이라는 개념을 사용하였기 때문에 인플레이션 대책을 수립하는 데 도움이 된다. 넷째로, 케인스 이론은 비교정태분석 방법을 사용하였기 때문에 현재의 경제상태와 관련해서 목표를 세울 수 있고 동태분석의 적용도 가능하다. 끝으로, 앞으로 설명하겠지만 케인스 이론을 발전시키면, 호황과 높은 수준의 고용을 유지하면서 인플레이션이라는 부작용을 막기 위해서는 정부가 조세가 아닌 공공수입 확보방안을 강구해야 한다는 논리적인 결론에 이른다.

케인스 이론의 핵심은, 경쟁적인 경제에서는 총수요함수와 총공급함수의 교차점에 의해 결정되는 수준으로 경제활동이 이동해간다는 것이다. 어느 고용수준 N에서의 총공급가격 Z는 생산기업이 그 고용수준을 겨우 유지할 수 있을 것으로 예상하는 총매출액이다. 총공급함수 $Z=\Phi(N)$은 Z와 N의 관계를 나타낸다. 총수요가격 D는 기업이 어느 고용수준의 산출에서 얻을 수 있을 것으로 예상하는 총매출액이다. 총수요함수 D=f(N)은 D와 N의 관계를 나타낸다. D의 값이 Z의 값보다 크면 기업은 생산을 확대하게 되고 반대로 D가 Z보다 작으면 기업은 생산을 축소하게 된다. 이러한 과정을 거쳐 경제는 D와 Z가 일치하는 수준으로 나아간다고 케인스는 설명하였다. 케인스는 교차점의 D값을 '유효수요'라고 하였다. 그런데 이 점에서는 Z가 D와 일치하므로 이를 '유효공급'이라고 불러도 된다. 케인스가 유효수요라는 용어 대신 유효공급이라는 용어를 사용하고 총공급곡선이 수직이 되는 상태를(46쪽 [그림 1] 참조) '완전고용' 대신 '진성 인플레이션'이라고 표현하였더라면 그 후 이론의 발전과 적용이 매우 달랐을 것이다. 그러나 케인스도 역시 시대의 영향을 받았고 그의 시대인 1930년대는 수요와 고용이 주된 관심사였던 시대였다.*

● 이 책에 소개되고 있는 케인스 이론은 일반 경제학 교과서와 다음과 같은 차이가 있음에 주의하여야 한다.

① 이 책의 총수요가격과 총공급가격은 단위생산물의 가격이 아니라 총생산물의 가격이다. 즉 뒤에 나올 [그림 1], [그림 2], [그림 4], [그림 5]의 세로축은 단위생산물 가격 곱하기 생산량을 나타낸다.

② 이 책의 총수요가격은 실제로 수요자가 지불의사를 가진 가격이 아니라, 공급자의 입장에서 수요자가 지불의사를 가지고 있을 것이라고 예상하는 가격이다.

③ [그림 1], [그림 2], [그림 4], [그림 5]의 가로축과 세로축은 모두 對數(log) 눈금이다. ─옮긴이

케인스가 고용에 관한 일반이론에서 사용한 총수요가격과 총 공급가격이라는 개념은 마셜의 전통을 이어받은 것으로서 거래에서 교섭 또는 홍정이 이루어지는 과정을 감안하고 있다. 거래는 두 당사자의 합의에 의해 성립하고 각 당사자는 거래를 통해 각자 이익을 얻을 것을 기대한다. 교섭은 제로섬 게임이 아니다. 당사자가 거래를 성립시키려고 하는 이유는 각자 이익을 기대하기 때문이다. 화폐경제에서 재화나 서비스를 받는 대신 돈을 주려는 당사자를 구매자라고 하며 돈을 받는 대가로 재화나 서비스를 제공하려고 하는 당사자를 판매자라고 한다. 또 구매자가 판매자에게 지불하기로 합의한 금액을 가격이라고 한다.

모든 거래는 가격이 어느 범위 내에 속해야 성립된다. 가격의 상한선은 구매자에 의해 정해진다. 구매자는 마음속으로 상품을 구매할 수 있는 최고금액을 정해두고 있기 때문이다. 그 상한선에서 구매자는 무차별적이 된다. 가격이 상한선 아래로 내려가면 구매자는 돈보다 물건을, 상한선 이상으로 올라가면 물건보다 돈을 택하게 된다. 반면 가격의 하한선은 판매자에 의해 정해진다. 판매자는 마음속으로 상품을 판매할 수 있는 최저금액을 정해두고 있기 때문이다. 그 하한선에서 판매자는 무차별적이 된다. 가격이 하한선 위로 올라가면 판매자는 물건보다 돈을, 하한선 이

하로 내려가면 돈보다 물건을 택하게 된다.

교섭과정에서 구매자는 자신의 상한선은 알지만 판매자의 하한선은 모른다. 반면 판매자는 자신의 하한선은 알지만 구매자의 상한선은 모른다. 거래가 성립하려면 구매자의 상한선이 판매자의 하한선보다 높아야만 한다. 이 상한선과 하한선 사이의 어느 점에서 가격이 정해지느냐 하는 것은 두 당사자의 교섭기술이나 교섭력에 달려 있다. 많은 기업에서 교섭기술이 가격결정에 중요한 역할을 한다는 사실을 알기 때문에 구매전문가 또는 판매전문가를 두고 있다. 가장 중요한 교섭력은 다른 시장의 존재—독점의 경우에는 부재—에 대한 정보이다.

총공급가격

특수한 경우에는 가격하한선이 없이 오로지 판매자의 선호에 의해서만 가격이 결정되는 수도 있다. 또 때로는 판매자가 구매자에게 돈을 줄 준비가 되어 있는 경우도 있다. 예를 들어 어느 생산자가 현재 설치된 기계를 사용하지 않으려고 할 때, 그 기계가 다른 기업에서는 아직도 쓸 만해서 시장가치를 갖는다고 해도 신속하게 처분하기 위해 웃돈을 얹어주고 구매를 유도할 수도 있다.

그러나 일반적으로 보아 교섭과정은 현재 또는 미래의 생산과

연결되며 가격하한선은 상품의 생산을 겨우 유지할 수 있을 것으로 판매자가 예상하는 최저금액에 의해 정해진다. 이 금액은 판매자가 추정하는 총비용(최저이윤 포함)이다. 이렇게 해서 어느 고용수준에서의 총공급가격은 판매자인 기업이 예상하는 가격하한선의 합계이며 기업은 총공급가격에 늘 신경을 쓰게 된다. 이와 같은 이론은 케인스가 명시하지는 않았지만 마셜의 전통에 따른 것이다. 총공급가격은 판매자만이 알고 있다는 점에서 공급측의 견해를 반영한다. 그런데 공공지출이 조세로 충당되는 상황에서는 케인스의 정의를 다음과 같이 변형할 수도 있다. 즉 일정한 고용수준에서의 총공급가격은 가처분 노동소득(즉 실수령임금), 총조세액, 기업이 그 활동수준을 겨우 유지할 수 있는 정도의 가처분 이윤 등을 충당할 수 있을 것으로 기업이 예상하는 매출액을 말한다.

[그림 1]에서 총공급가격은 총공급함수 $Z=\Phi(N)$에 의해 표시된다. 총공급가격을 이렇게 정의하면 [그림 3]에서 보듯이 총공급곡선은 총비용곡선과 관련이 있다. N_0에 상응하는 활동수준에서는 평균비용과 한계비용이 같으며 따라서 이 점에서 평균비용은 최소가 된다.[*] 경제 전체로 볼 때 평균비용이 최소가 되는 점에서

---

* [그림 1]은 대수-대수 눈금이므로 한계비용과 평균비용이 일치하는 점에서는 총공급가격곡선이 우상향 45도 직선과 접한다. ―옮긴이

는 일반 물가수준도 최저가 되며 기업이윤은 그 수준의 활동을 겨우 유지할 수 있는 정도가 된다. 따라서 이 활동수준은 현존하는 생산능력의 최적이용 수준이라고 할 수 있다. N_0의 왼쪽의 활동수준에서는 한계비용이 평균비용보다 낮고 현존 생산능력은 대체로 저사용低使用된다. 그 반대방향, 즉 N_0의 오른쪽의 활동수준에서는 한계비용이 평균비용보다 높고 현존 생산능력은 대체로 과사용過使用된다. 이리하여 최적점보다 낮은 활동수준, 즉 [그림 1]에서 N_0보다 왼쪽에 놓이는 활동수준에서는 최적점으로 생산을 확장하면 일반 물가수준이 하락한다. 그러나 최적점을 넘는 수준까지(즉 [그림 1]의 N_0의 오른쪽까지) 생산을 확장하면 일반 물가가 가속적으로 상승하게 된다. 총공급곡선이 수직이 되는 점(즉 [그림 1]의 N_h)에 이르면 현 상황에서는 생산 확장이 불가능하며 이때 추가적인 총통화수요가 발생하면 모두 물가상승으로 흡수된다. 케인스는 이를 '진성 인플레이션 상태'라고 하였지만 공급측의 한계, 즉 공급지평supply horizon에 따라 다른 결과가 나타날 수도 있다. 생산능력은 단기적으로는 고정되어 있어서 생산 확대를 제약한다고 할 수 있으므로 공급측에서 볼 때 N_h는 생산 확대의 한계가 된다. 그러나 장기적으로 보면 공급지평은 고정된 것이 아니며, 기업이 미래 경기예측에 따라 투자를 확대 또는 축소하면 그 한계도 오른쪽 또는 왼쪽으로 움직인다.

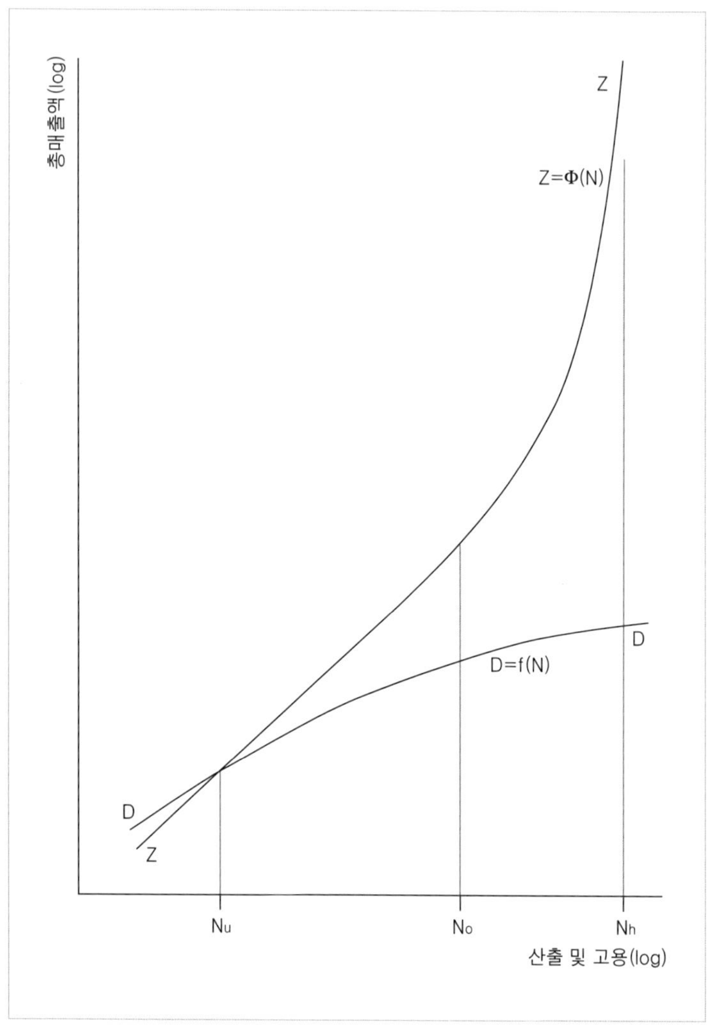

[그림 1]

판매자의 가격하한선이 없는 특수한 경우가 있듯이, 가격이 상한선 없이 오로지 구매자의 선호에 의해서만 결정되는 수도 있다. 그러나 이는 케인스 이론과는 무관한 것이다. 왜냐하면 총수요가격은 구매자의 상한선과 무관하게 기업이 어떤 고용수준에서 얻을 것으로 예상하는 총매출액이기 때문이다. 다른 식으로 표현하면 총수요가격은 어느 산출 수준에서 구매자가 지불할 것으로 기업이 예상하는 가격에 의해 얻을 순수령액의 합계이다. 총수요가격도 총공급가격처럼 공급측의 관점에서 예상하는 가격이다. 둘 다 공급측의 관점에서 보는 가격이므로, 총공급가격은 판매자의 하한선 합계이지만 총수요가격은 구매자의 상한선의 합계가 아니며 그렇게 될 수도 없다. 판매자는 구매자의 상한선을 알 수 없기 때문이다.

폐쇄경제에서 총수요가격은 소비지출, 투자지출, 일반 정부지출에 대한 예상액의 합계(C+I+G)라는 데 별다른 이견이 없다. 표준적인 국가회계 체계도 이러한 정의에 부합한다. 그런데 이 정의는 수요관리에는 유용하지만 총수요가격의 구성요소와 총공급가격의 구성요소를 대비시키기가 어렵다는 단점이 있다. 케인스의 고용에 관한 일반이론이 공급측의 관점을 기준으로 한 이론이라는 사실을 감안하여 두 가격의 구성요소를 대비시키려면, 소비지출과 투자지출(C+I)을 재정의하여 총공급가격 중 가처분소득(즉 실수령임금)과 가처분이윤에서 지출된 부분만 포함시켜야 한다. 그러면 일반 정부지출(G)은 조세수입과 정부차입에 의한 지출이라고 정의할 수 있다. 이와 같이 정의를 하는 것의 이점은, 조세수입과 정부차입에 의한 지출은 그 일반적인 지출성향이 정의에 의해 1이라는 데 있다.

[그림 1]에서 총수요곡선은 총수요함수 $D=f(N)$에 의해 정해진다. 이 그림에서 두 함수의 교차점에 상응하는 활동수준 N_u의 위치를 보면, 현 생산능력이 대체로 저사용되고 있으며 그 결과 기업이 예상하는 총수요곡선은 비탄력적이다. 케인스 이론에 의하면, 교차점의 오른쪽 위치에서는 총수요곡선이 총공급곡선보다 탄력성이 낮다. N_o의 왼쪽에 있는 활동수준에서는 생산이 확대되면 전반적으로 평균비용이 하락한다. 그러므로 총공급곡선의 성질로 볼 때, 그림과 같은 상태의 경제에서는 총수요곡선이 비탄력적일 수밖에 없다. 총수요곡선이 탄력적이 되는 경우는 두 곡선의 교차점이 N_o에 상응하는 활동수준의 오른쪽에서 공급의 한계인 N_h에 접근하면서 생산이 확대되고 그에 따라 평균비용이 증가하는 경우뿐이다. 총수요곡선은 공급지평의 제한을 받지 않기 때문에 [그림 1]에서 N_h에서 세운 수직선을 통과한다.

    [그림 1]은 공급측의 관점, 즉 판매자, 생산자, 기업의 관점에서 경제 전체를 본 결과이다. 이것이 공급측의 관점이라는 점은 중요한 의미를 갖는다. 이 점은 케인스 이론에 대한 비판, 예를 들면, 시장에는 하나 이상의 시장가격이 있을 수 없다든지 총수요가격과 총공급가격이 둘 다 기업의 예상을 반영한다는 가정에는 논리적 모순이 있다든지 하는 비판에 대해 해명할 수 있는 근거가 된다. 예를 들어 파틴킨D. Patinkin은 교차점(예컨대 [그림 2]의 N_u)의 왼쪽에 있는 활동수준에서는 기업이 예상하는 상품가격이 총공급가격 N_uZ에 상응하는 가격과 총수요가격 N_uD에 상응하는 가격으로 두 개가 된다고 비판하였다. 이 비판은 '공급측의 관점'이라는 점을 간과하기 때문에 나온다. 기업은 공급자이므로 오로지 공급자의 입장에서만 경제를 볼 수 있다. 기업의 입장에서 보면 [그림 2]의 총수요가격 N_uD는 기업의 고용수준이 N_u일 때 받을 수 있을 것으로 예상하는 매출액이다. 총수요가격 N_uD는 고용량이 N_u일 때의 산출에 대해 구매자가 지불할 것으로 기업이 예상하는 단위당 시장가격에 상응하는 금액이 된다. [그림 2]의 총공급가격 N_uZ는 기업이 예상하는 시장가격이 아니며, 기업이 그 활동수준에서 필요한 생산비용(최저이윤 포함)을 겨우 충당할 수 있을 것으로 예상하는 매출액에 상응하는 가격일 뿐이다. 예

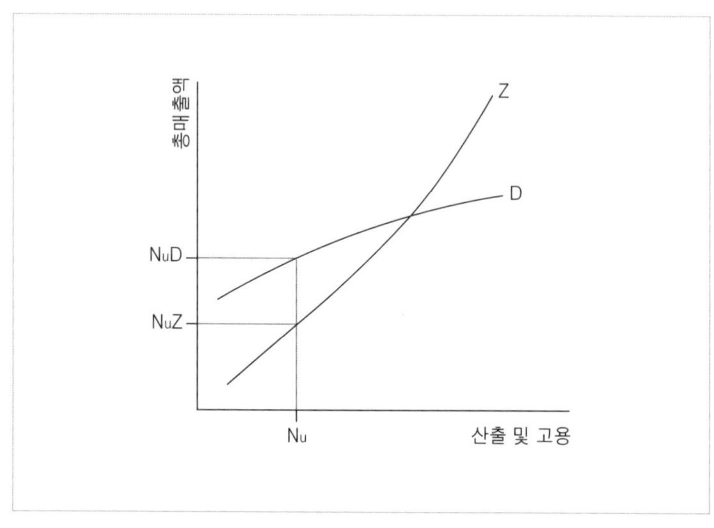

[그림 2]

상 매출액이 NuZ이면 기업이 그 고용수준 Nu에 맞는 산출을 충분히 낼 수 있으나 [그림 2]에서 기업은 실제 매출액이 그보다 더 많을 것으로 예상한다. 즉 기업은 매출액이 NuD가 될 것으로 예상한다. 다른 식으로 설명하자면, [그림 2]에서와 같은 시장조건에서 활동수준이 Nu일 때 기업이 예상하는 매출액은 Nu에 상응하는 산출을 겨우 낼 수 있는 최저매출액보다 더 많다는 말이다.

어떤 활동수준에서건 산출에 대해 구매자가 지불할 것으로 기업이 예상하는 단위당 시장가격을 합한 금액은 총수요가격과 같다. 그러나 D값과 Z값이 일치하는 교차점에서만 단위당 예상시장가격의 합계가 총공급가격과 같아진다. 케인스 이론에 의할 때, 경제가 공급지평(즉 케인스가 말한 '완전고용' 또는 '진성 인플레이션 상태')을 향하여 자동적으로 움직이지 않는 이유는 바로 여기에 있다. 교차점의 오른쪽에 있는 모든 활동수준에서 D값이 Z값보다 작고 따라서 구매자가 지불할 것으로 기업이 예상하는 단위당 시장가격으로는 그 활동수준을 유지하는 데 필요한 이윤이 나오지 않기 때문이다.

이윤 |

기업회계에서 이윤은 잔여치이다. 이윤은 일정 기간 동안 기업에 최종 귀속되는 금액이며, 기업은 실현된 잔여치로서의 이윤을 극대화하려고 하는 조직이라고 할 수 있다. 각 기업은 처해진 경쟁상황에서 일정 기간 동안 최대의 이윤을 얻기 위해 노력한다. 애덤 스미스의 표현을 빌리자면, "우리가 음식을 구할 수 있는 것은 식품업자의 자비의 덕이 아니고 그들의 이윤추구의 덕이다. 우리는 그들의 인간애가 아닌 자기애에만 신경을 쓰면 된다. 그들에게 우리의 필요물자가 무엇인지 말해줄 필요가 없고 단지 그들의 이익에 대해서만 말하면 된다." 그러나 회계의 관점에서 볼 때 이윤은 결과이며, 기업은 나름대로 최선의 결과를 얻으려고 하지만 시장생산은 위험성이 있는 활동이므로 손실을 볼 수도 있다. 회계의 결과가 이익이 되든 손실이 되든 총공급가격에는 그 점이 반영되지 않는다. 왜냐하면 총공급가격이란 어떤 수준의 활동을 유지하는 데 필요하다고 예상하는 최저액이기 때문이다.

특정한 생산 분야에서 어느 수준의 활동을 할 수 있도록 하는 최저한의 예상이윤의 양은 여러 요인에 의해 정해진다. 예를 들어, 그 예상이윤은 주주가 기대하는 가처분소득을 보장하는 정도가 되어야 한다. 주주의 기대는 주주의 다른 투자기회 또는 국내외 주식·자본시장의 전망 등에 의해 영향을 받는다. 회사가 주주와 자본시장의 기대를 만족시키는 정도는 그 회사의 주식가격에 영향을 준다. 주식가격은 파산의 위기가 닥치지 않는 한, 회사 순자산의 시장가치 이하로 현격하게 하락하지는 않는다. 그러나 예상이윤은 경쟁력을 유지하기 위해 필요한 자금을 자본시장에서 조달할 수 있을 정도는 되어야 한다. 즉 기업마다 비용의 성격을 지닌 최저이윤이 있으므로 어느 고용수준을 유지하려면 그 수준에서의 예상 매출액이 최저이윤을 충당할 수 있는 정도는 되어 한다는 것이다.

경쟁적 시장경제에서 기업 또는 기업군이 생산을 줄이고 가격을 올려서 최저한도 이상으로 이윤을 높이려고 하면 다른 경쟁자가 나타나서 기업의 시장점유율이 줄어든다. 예를 들어 석유수출국기구OPEC가 원유생산을 줄여 가격을 인상했을 때 다른 나라에서 석유탐사와 생산에 나섰기 때문에 시장점유율이 낮아진 사례가 있다. 독점 내지 준독점의 경우를 제외하면 기업은 경쟁자의 출현과 시장점유율의 하락을 우려하기 때문에 단기간의 큰 이윤을 추구하기는 어렵다. 애덤 스미스가 말한 대로 모든 기업은 자기 이익을 위해 활동하며 그런 의미에서 기업은 이윤극대화를 추구하는 조직이라고 할 수 있다. 그러나 장기적 관점에서 본다면, 경쟁상황에서 개별기업에게 최대이윤을 안겨주는 점은 한계비용과 한계수입이 일치하는 점이 아니라 총비용(최저이윤 포함)이 총수입과 일치하는 점이다. 개방적 교환경제에서는 모든 기업이 경쟁상황에 놓이고 따라서 개별기업이든 전체기업이든 생산을 겨우 유지할 수 있을 정도의 이윤만을 얻을 수 있는 활동수준에 귀착하지 않을 수 없다. 개별 기업에서나 전체 기업에서나 최저이윤은 비용과 마찬가지이며 이 이윤은 총공급가격에 포함된다.

정의에 의해서, 총공급곡선 상의 모든 점은 가처분이윤의 예상액이 그 수준의 활동을 겨우 유지할 수 있을 정도의 최저이윤점이다. 그러므로 총수요함수와 총공급함수의 교차점도 역시 최저이윤점이다. 또 교차점 이상의 활동수준(예를 들어 [그림 1]에서 N_u의 오른쪽)에서는 Z값이 D값보다 크기 때문에 예상이윤은 기업이 그 활동수준을 유지하기 위해 필요한 정도보다 적다. 반대로 교차점 이하의 활동수준(예를 들어 [그림 1]에서 N_u의 왼쪽)에서는 Z값이 D값보다 작기 때문에 예상이윤은 활동수준 유지에 필요한 최저한의 이윤보다 더 많아진다. 고용에 관한 일반이론에 의하면,

단기에서는 현재의 상황과 능력이 고정되어 있다고 보기 때문에, 예를 들어 [그림 1]의 N_u 수준에서 활동을 확대하면 대체로 기업의 이윤감소 내지 손실증가로 나타난다. 역시 동일한 가정에 입각해서 볼 때 단기적인 활동축소는 이윤증가 내지 손실감소로 나타난다.

케인스는 "교차점에서 기업의 예상이윤이 극대화된다"고 하였는데 이 말은 자신의 용어 정의나 그에 입각한 이론과 맞지 않다. 케인스의 말이 맞으려면 총수요곡선과 총공급곡선이 [그림 3] 중 위의 그림에서 보듯이, 각각 한계수입의 합계와 한계비용의 합계가 되어야 한다. 그러나 케인스는 총수요가격과 총공급가격을 매출액proceeds이라는 용어로써 정의하였다. 이 매출액이라는 용어는 요소비용과 이윤을 포함하는 총수입을 의미한다. 케인스는 '추가'매출액 또는 '한계'매출액이라는 용어를 사용하지 않았으므로 한계수입이나 한계비용과 관련지워 설명해볼 수 없다. 그러므로 케인스의 총수요가격은 모든 순수입의 합계로, 총공급가격은 모든 순비용(최저이윤 포함)의 합계로 보아야 한다. 이 수입액에는 '기업이 그 수준의 고용을 겨우 유지할 수 있을 정도의 이윤'이 들어 있다. 그러므로 이 이윤은 최저이윤이라고 볼 수 있다. 모든 기업을 이윤극대화를 추구하는 하나의 단위라고 가정할 경우, 케인스 이론에 의하면 경제는 총유효수요가격과 총유효공급가격이 일치하는 점이 아닌 다른 점으로 나아가게 된다. [그림 3]

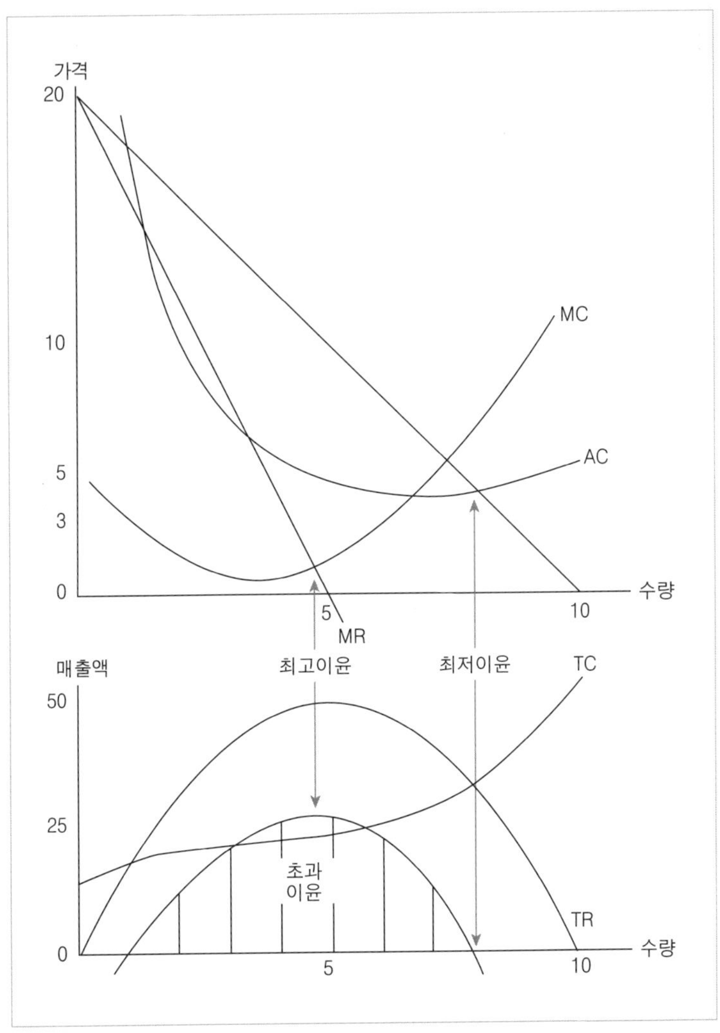

[그림 3]

에 나오듯이 개별 기업이 이윤극대화를 추구한다고 하면 총비용곡선과 총수입곡선이 만나는 최저이윤점이 아니라 한계비용곡선과 한계수입곡선이 만나는 최대이윤점의 수준에서 활동하려고 할 것이다. 그러므로 경제 전체가 총수요함수와 총공급함수의 교차점에 상응하는 활동수준으로 자동적으로 나아가려면 기업이 경쟁적 시장경제에서 이윤극대화를 추구하지 않거나 추구하지 못하는 상황이 되어야 한다.

│ 수요측면의 접근

위에서 본 바와 같이 케인스의 고용에 관한 일반이론을 발전시키면, 경제호황을 위해서는 고수준의 정부지출이 필요하다고 하는 주장을 제한적이나마 뒷받침할 수 있다. 정부지출 G가 증가하면, 다른 조건이 변하지 않을 경우, 모든 N값에 대해 D값도 증가한다. 이것은 [그림 1]에서 볼 때 총수요곡선이 상향이동하는 것과 같고 그에 따라 교차점이 오른쪽으로 이동하여 경제가 확대될 여건이 조성된다. 우선 보기에는 이 현상이 좋을 듯하지만 이런 방향으로 너무 진행하면 해결되는 문제보다 새로 야기되는 문제가 더 많이 나온다. 경제가 [그림 1]의 N_0에 상응하는 점 이상으로 확대되면 일반 물가수준이 계속 오르고 국내생산자는 국내에서나 해외에서나 경쟁력이 줄어든다. 또한 늘어난 재정지출을 조세에 의존할 경우에는 정부가 취할 수 있는 방법은 다음의 세 가지뿐이며 이들은 모두 심한 부작용을 갖고 있다.

첫째로 프리드먼Milton Friedman(1912~2006)이 말한 대로 정부가 화폐를 더 발행하는 방법이 있다. 이런 재정운용 방법이 머지않아 인플레이션을 유발한다는 것은 여러 차례 확인된 사실이며 인플레이션 심리가 경제 전반에 퍼지면 화폐를 더 발행하기 전보다 더 못한 상태가 된다. 재정지출 증가는 경제를 확대하기보다는 물가상승으로 흡수되고 처음에 해결대상이었던 문제에 인플레이션이라는 문제를 추가하는 꼴이 되고 만다.

정부가 취할 수 있는 두 번째 방법은 조세를 늘리는 것이다. 이 방법을 취할 때 조세증가액 T는 모든 N값에 대해 Z값을 증가시킨다. [그림 1]에서 보면 이 방법은 총공급곡선과 총수요곡선을 상향이동시킨다. 두 곡선이 같이 상향이동하면 교차점은 거의 수직으로 상승하며, 따라서 경제는 거의 확대되지 않고 가격만 오르게 된다. 이 때 물가상승에 맞추어 화폐가 공급되지 않으면 물가상승 직후 경제활동이 수축된다. 이런 이유에서 이 방법 역시 처음 상태보다 못한 결과를 낳는다.

정부가 취할 수 있는 나머지 방법은 정부차입으로 지출에 충당하는 방법이다. 이 방법은 궁극적으로 당시의 상황과 차입의 방식에 따라 결과가 달라진다. 정부차입이 단지 통화공급에 불과할 경우에는 화폐를 증발하는 것과 같고 그 결과는 앞에서도 언급하였듯이 인플레이션으로 나타난다. 정부차입 방식이 프리드먼 등의 학자가 말하는 소위 ‘진성 차입true borrowing’일 경우에는 차입이 직접 인플레이션을 유발하지는 않는다. 그러나 정부지출 증가로 기대되는 경제확대 효과는 감쇄되기cancelled out 쉽다. 민간부문에서 지출될 자금을 정부가 차입하면 이런 감쇄효과가 생긴다. 진성 차입에 의해 정부지출이 증가하더라도 그에 상응하여 민간부문의 투자지출이 감소한다면 총수요에는 별다른 변화가 없다. 따라서 경제의 저축성향이 투자성향보다 커서 생긴 ‘유휴잔고idle balances’를 정부가 차입할 경우에만 정부의 진성 차입에 의한 지출이 부작용 없이 소기의 확대 효과를 낼 수 있다. 흔히 ‘유수pump priming’ 조치라고 하는 이런 수단은 불황에 빠진 경제에 자극을 줄 수 있다. 케인스 등 지도급 경제학자들이 1930년대 초에 당시의 불황을 벗어나기 위해 이런 정책을 지지한 바 있다. 당시에는 이 정책을 ‘공공사업에 의한 적자지출’이라고 하였다. 그러나 이 정책은 타당한 상황이라고 해도 한시적이어야 하며 오래 지속해서는 안 된다. 경제가 확대되기 시작하면 투자성향이 커져서 저축성향에 가까워지고 그에 따라 유휴자금은 줄어든다. 이런 상태가 계속되면 정부차입은 민간부문의 투자지출에 압박을 가하게 되고 마침내 초기의 경제확대 효과를 잃고 만다. 케인스의 고용에 관한 일반이론은 특수한 상황에서 단기적 유수

조치로서만 적자재정에 의한 정부지출을 인정할 뿐이다.

　케인스의 고용에 관한 일반이론을 발전시키면 공급측면의 감세정책에 대한 이론적 근거도 도출할 수 있다. 정부가 조세 T를 줄이면 모든 N값에 대한 Z값이 줄어든다. 이것은 [그림 1]에서 총공급곡선이 하향이동하는 것을 의미하며, 다른 조건이 동일하다면 교차점은 오른쪽으로 이동하며 경제가 확대된다. 그러나 '다른 조건이 동일하다'는 것은 총수요곡선에 별다른 변동이 없다는 뜻인데, 정부지출 G가 변화한다면 이 가정이 성립되기 어렵다. 조세 감면이 진행되면 민간부문의 가처분소득이 높아지겠지만 민간부문의 지출성향은 정부의 지출성향보다 낮다. 이 가정에는 또 화폐발행이나 정부차입에 의해 메워야 할 정도의 재정적자가 발생하지 않는다는 전제가 포함되어 있지만 개방경제에서는 이런 전제가 성립하기 어려운 경우가 많다. 모든 N값에 대해 Z값이 감소하면 국내생산자는 외국생산자에 비해 경쟁력이 높아지고 그에 따라 수출 E는 절대량에서나 수입대비 상대량에서나 다같이 늘어나게 된다. 수출이 늘고 수입이 줄면 정부지출 감소분이 보상되고 총수요도 줄지 않을 것으로 예상할 수 있다. 경제확대는 국내생산소득의 증가로 이어지고 이렇게 되면 조세수입도 늘어나서 적자재정을 방지할 수 있다.

케인스 이론에 의할 때, 조세를 감면하면 모든 N값에 대해 Z값이 작아지므로, 개방시장경제에서 모든 내국세가 철폐될 때에만 총공급가격이 최소가 된다는 결론이 논리적으로 도출된다. 모든 N값에 대한 Z값이 최소가 되면 국내생산자는 국내에서나 외국에서 가장 경쟁력 있는 상태가 된다. 개방적 자유시장경제에서는 국내생산자가 세계시장에서 최상의 경쟁력을 갖추어야만 경제가 호황을 누리고 고수준의 활동을 지속할 수 있다. 케인스 이론의 약점은, 이와 같은 결론을 도출하면서도 정부가 공공수입을 확보할 수 있는 조세 이외의 방법을 제시하지 못했다는 점이다. 반면 케인스 이론의 강점은 현대 교환경제가 안고 있는 근본적인 문제를 분명히 밝혀주었다는 점이다. 즉 조세는 총공급가격을 올리기 때문에 기업의 경쟁력이 약화되고 물가가 오르며 실업이 증가한다는 것이다. 또한 케인스 이론은 조세가 물가와 실업에 미치는 과정을 이해하기 위한 좋은 분석도구이기도 하다. 오늘날 자유시장에 바탕을 둔 개방경제의 결함을 치유하는 정책을 수립하기 위해서는 이러한 과정을 반드시 이해하여야 한다.

4

조세 분석

조세가 경제에 미치는 영향을 완전히 이해하려면 형식적 귀착 이외에 실질적 귀착까지 다 파악하여야 하지만, 실질적 귀착을 완전히 파악하기는 어려우므로 형식적 귀착에 대해서만 검토한다. 조세는 형식적 귀착을 기준으로 볼 때 소득을 줄이는 소득효과조세와 총공급함수를 변화시키는 공급효과조세로 분류할 수 있다. 공급효과조세는 형식적 귀착에서 총공급가격을 올림으로써 물가상승 또는 산출·고용의 축소라는 부작용을 낳는다. 소득효과조세는 전가를 일으킬 경우 물가상승과 실업의 주된 원인이 된다.

조세는 본질적으로 납세자와 공공 기관 간에 등가교환 관계가 존재하지 않는다는 사실에 관해 경제학자 사이에 별 이론이 없을 것이다. 조세가 다른 공과금과 차이 나는 점은 바로 여기에 있다. 돌턴Hugh Dalton의 적절한 정의에 의하면 "조세는 공공기관이 부과하는 강제 기여금으로서 각 납세자에게 제공하는 서비스의 양과 무관하며 위법행위에 대한 벌금도 아니다." 이 정의는 공과금의 실제 명칭이 조세이건 아니건 관계없이 적용된다. 돌턴의 정의에 의하면 공공기관이 공공재산이나 국유기업의 가격정책에서 얻는 수입은 조세가 아니다. 공공재산과 국유기업에서 나오는 수입은 개인재산과 개인기업에서 나오는 사적 소득과 성질이 다르지 않다. 국유 독점기업의 수입을 '독점세monopoly tax'라고 부르기도 하지만 사유 독점기업에서

나오는 수입과 다를 바 없다. '국가보험기여금national insurance contributions'이나 '사회보장기여금social security contributions' 등 명칭이 조세가 아닌 것도 조세에 포함된다. 돌턴의 조세는 '공공 기관이 부과하는 강제 기여금'이며 '각 납세자에게 제공하는 서 비스의 양과 무관'하기 때문에 총공급가격에 포함된다. 이런 점 에서 돌턴의 정의는 특히 유용하다.

행정상의 조세분류는 재정학 문헌에 많이 인용되기는 하지만, 경제분석에는 별 도움이 되지 않는다. 행정상의 분류는 조세귀착 이 과세당국의 의도대로 이루어질 것이라는 가정을 전제로 한다. '직접세'는 과세당국이 납세의무자와 실제부담자가 같을 것으로 보는 조세이다. 사회보장기여금의 경우에도, 피고용자기여금은 피고용자가 부담하고 사용자기여금은 사용자가 부담할 것으로 본다. 지출에 대한 조세, 즉 '간접세'는 상품가격에 세액이 추가 되어 결국 최종소비자에게까지 넘어갈 것으로 보는 조세이다. 예 를 들어 맥주출고세의 경우, 과세당국이 양조업자가 가격인상을 통해 세액을 주점에 넘기고 주점은 가격인상을 통해 최종소비자 에 넘길 것으로 보기 때문에 간접세로 분류된다. 표면적으로는 행정상의 분류가 일반의 경험과 일치하는 것으로 보인다. 간접세 가 인상되는 시점 또는 그 직후에 공급자가 이를 구실 삼아 가격 을 인상하는 사례가 많았기 때문에 소비자는 과세당국의 의도가 잘 들어맞는 것으로 생각하게 된다. 임금생활자는 '직접세' 때문에 봉급표에 찍힌 총임금과 순임금 간에 차이가 난다는 사실을 매달 경험한다. 조세가 없었더라면 가처분소득에 들어갈 수 있는 금액이 조세로 인해 직접 감소된 것으로 생각하게 된다. 그러나 조세의 경우 외양과 실제는 같지 않다.

행정상의 조세 분류는 정치적으로 이용될 수 있다. 행정상의 분류는 조세귀착이 당국의 의도대로 이루어질 것이라고 전제하기 때문에 단순한 구호를 통해 세제개편을 정당화하는 데 이용될 수 있다. 조세를 인상할 때 '부자에게 세금을, 빈자에게 혜택을' 이라든지 '소득재분배' 등과 같은 구호는 비판을 잠재우는 효력을 가진다. 감세정책에 관해서도, 이 정책에 반대할 경우에는 '부익부 정책'이라는 구호로, 지지할 경우에는 '선택의 자유 확대' 또는 '돈은 국민의 주머니에'와 같은 구호로 치장할 수 있다. 또 언론에서도 감세예산을 '베푸는 예산a give-away budget'이라고 표현하기도 한다. 그러나 이는 듣기에는 좋지만 도둑이 귀중품 일부를 빼놓고 털어갔을 때 '베푸는 도둑'이라고 부르는 것이나 비슷하다. 아무튼 듣기 좋은 구호를 내세운다고 해서 현실의 결과가 정치인이 내세우는 의도대로 나타나는 것은 아니다. 그 이유는 납세자가 흔히 조세변화에 반발하기 때문인데, 그렇게 되면 조세당국이 의도하는 수혜 계층이 결국 아무런 덕도 못 보는 경우가 많다. 행정상의 조세 분류는 재정정책과 관련해서 정치적 미신을 날조하거나 겉모양을 그럴듯하게 꾸며 재정상의 불공평을 호도하기 쉽다.

| 다른 조세분류

힉스 부부Sir John and Lady Ursula Hicks는 조세의 귀착을 형식적 귀착formal incidence과 실질적 귀착effective incidence으로 구분하는 새로운 조세분석법을 제시하였다. 두 종류의 귀착은 대부분의 경우에 서로 다른 결과를 낳지만 조세전가tax shifting 과정을 통해 시간적·공간적으로 관련되어 있다(Hicks and Hicks, 1945). 조세의 형식적 귀착은 과세에 의한 최초의 변화를 말한다. 예를 들어 피고용자의 사회보장기여금이 인상되면 실질임금이 그만큼 즉시 그리고 직접적으로 줄어든다. 사회보장기여금이라는 이름의 조세가 인상될 때 그 형식적 귀착은 실질임금의 감소로 나타난다.

힉스 여사는 형식적 귀착만 고려해서는 과세에 대한 납세자의 반응이나 그 결과를 알 수 없다고 하였다. 힉스 여사는 『이코노믹 저널The Economic Journal』에 발표한 논문에서 판탈레오니Maffeo Pantaleoni(1857~1924)의 '연못에 돌을 던지는 비유'를 인용하여 설명하였다(Hicks, 1946). 조세의 형식적 귀착은 연못에 돌을 던질 경우 돌이 수면에 닿는 순간의 출렁거림에 비유할 수 있다. 그 후 연못에는 물결이 둥글게 퍼져나가서 결국에는 못 둑에 어떤 영향을 주게 된다. 물결이 퍼져나가는 것을 조세의 전가과정에 비유할 수 있고 못 둑에 주는 영향을 실질적 귀착에 비유할 수 있다. 힉스 여사는 조세분석이 이러한 전체 과정을 추적할 수 있어야 한다고 강조하였다. 예를 들어 조세로 인해 실수령임금이 깎이면 그 반발로 임금인상 요구가 생겨 조세전가 과정이 시작된다. 이러한 조세전가 과정은 기업과 시장의 균형상태를 흔들어놓으면서 계속 퍼져나가다가 멈추게 되는데 이 정지상태가 그 조세의 실질적 귀착이다.

연못에 돌을 던지는 비유는 특정 조세가 경제 전반에 미치는 영향을 이해하는 데 상당한 도움이 된다. 그러나 이 비유도 한계가 있으며 실질적 귀착을 지나치게 추구하다보면 오히려 잘못된 결론에 이르기 쉽다. 경제라는 연못에는 단 하나의 돌과 파문만 존재하는 것이 아니다. 경제연못에는 끊임없이 수많은 돌이 떨어지고 물결도 서로 엇갈리고 또 엇갈리고, 결합하고 갈라지고, 또 결합하고 갈라지면서 못 둑에 도달하였다가 다시 튕겨나와서 다른 물결에 영향을 준다. 수많은 돌 중에서 단 하나의 돌만을 골라 그 영향을 추적하기가 불가능하듯이 수많은 조세 중에서 특정 조세만을 골라 조세전가가 이루어지는 모든 과정을 검토해서 실질적 귀착과 형식적 귀착을 구분하기는 불가능하다. 전가과정에서 각종의 조세효과가 중첩되기 때문에 어느 하나의 조세효과를 다른 조세효과 내지 전체 조세체계의 효과와 분리할 수 없게 된다.

형식적 귀착과 실질적 귀착을 구분하면 조세전가 과정 전체를 포괄하는 조세분석을 할 수 있다는 장점이 있기는 하지만, 위와 같은 한계 때문에 형식적 귀착을 기준으로 조세를 분류할 수밖에 없다. 여러 조세효과가 섞이면 조세의 분류는 불가능하고 또 무의미해진다.

모든 조세는 형식적 귀착에서 조세채무를 발생시키고 조세채무는 기업의 다른 채무와 마찬가지로 총공급가격의 일부가 된다. 그러나 모든 조세가 형식적 귀착에서 총공급함수, 즉 모든 N값에 대한 Z값을 변화시키는 것은 아니다. 예를 들어 피고용자의 사회보장기여금은 조세채무를 증가시키는 동시에 그 액수만큼 실수령임금을 줄인다. 그러므로 피고용자의 사회보장기여금이 신설 또는 증감되어도 형식적 귀착에서는 총공급함수가 변하지 않는다. 피고용자에 대한 조세가 증가/감소하면 실수령임금이 동시에 감소/증가하여 상쇄되므로 다른 조건이 동일하다면 모든 N값에 대해 Z값이 변하지 않는다. 반면 기업주의 사회보장기여금이 증가하면 형식적 귀착에서 기업의 조세채무가 증가한다. 그러나 총공급가격 중에 이를 상쇄할 만한 다른 요소는 감소하지 않는다. 따라서 기업주의 사회보장기여금이 신설 또는 증감되면 총공급함수가 변화한다. 즉 모든 N값에 대해 Z값이 정확히 조세변화액만큼 같은 방향으로 증감한다.

힉스 부부가 제시한 구분과 케인스의 고용에 관한 일반이론을 결합시켜보면 행정상의 분류보다 나은 조세분류를 할 수 있다. 이것은 각 조세를 총공급함수에 대한 형식적 귀착을 기준으로 하여 분류하는 방법이다. 어느 조세의 형식적 귀착이 총공급함수를 변화시키지 않는다면 소득효과조세income-effect tax로 분류하고 총공급함수를 변화시키면 공급효과조세supply-effect tax로 분류한다. 이러한 거시경제학적 조세분류는 행정상의 분류 결과와 엇갈리는 경우가 많다. 예를 들어 영국의 지방재산세는 주택 및 상업용 건물의 임대료를 상승시킨다고 보아 행정상의 분류에서는 지출세라고 한다. 그런데 총공급함수에 대한 형식적 귀착에 의해 분류하면, 가계용 부동산에 대한 지방재산세는 소득효과조세이다. 이런 조세는 형식적 귀착에서 총공급함수에 영향을 주지 않기 때문이다. 반면 상업용 부동산에 대한 지방재산세는 공급효과조세이다. 이런 조세는 형식적 귀착에서 기업의 비용에 직접 영향을 주고 그 결과 총공급함수도 변화시키기 때문이다.

형식적 귀착

조세변화에 따른 형식적 귀착의 분석은 납세자의 반발 가능성을 배제한 단기적인 분석이다. 즉 조세가 전가될 가능성이 없는 상황에 대한 분석이다. 이러한 분석에 따를 경우에, 조세가 경제

에 미치는 직접적인 효과만을 고려한다면 전통적인 수요관리기법의 통념에 문제가 있다는 결론에 이른다. 수요관리기법은 조세를 인상하면 경제가 축소되고 물가가 하락하며, 조세를 감면하면 경제가 확대되고 물가가 상승한다는 가정에 입각해 있다. 예를 들어 수요관리에서 소위 '전략 조세regulators'를 인상하면 인플레이션 대책이 되는 것으로 생각해왔다. 이러한 정책은 경제의 열기를 식히기 위한 것으로서 조세를 부과하면 물가가 상승하고 그에 따라 총실질수요aggregate real demand가 감소할 것으로 본다. 물가를 상승시킬 수 있는 조세를 인상하면 경제도 축소되고, 역설적이지만 반反인플레이션 대책도 된다는 것이다. 그렇지만 조세변화의 형식적 귀착에 기준을 두고 분석해보면 수요관리기법이 갖고 있는 가정은 현실에서 적어도 단기적으로는 안 맞다. 조세액 변화의 직접적인 결과가 수요관리를 지지하는 쪽에서 예측하고 의도하는 것과 정반대인 경우가 많이 있다. 조세전가가 불가능한 단기에서 조세액 변화의 형식적 귀착은 여러 요인에 의해 영향을 받는다. 이러한 요인의 예를 들면 조세수입에 대한 정부의 지출성향, 가처분소득에 대한 민간부문의 지출성향, 조세가 소득효과조세로 부과되느냐 공급효과조세로 부과되느냐의 여부, 총수요곡선과 총공급곡선에서 해당 부분의 탄력성, 통화 공급의 탄력성 등이 있다.

공급효과조세액이 변화할 때 그 형식적 귀착은 총공급함수를 즉시 변화시킨다. 정의에 의해 이런 조세는 모든 N값에 대해 Z값을 변화시키기 때문이다. 총공급함수가 변화하면, 총수요함수는 불변이라고 가정할 경우, 교차점이 이동한다. [그림 4]에서 공급효과조세를 T_s만큼 내리면 총공급곡선은 Z에서 Z_1으로 하향이동하고 교차점은 오른쪽으로 이동하여 활동수준은 N_1으로 높아진다. 이러한 확대정책은 가정에 의해 인플레이션 억제대책이 되며 그로 인해 일반 물가수준이 하락할 가능성이 높다. 반면 공급효과조세를 T_s만큼 올리면 총공급곡선은 Z에서 Z_2로 상향이동하고 교차점은 왼쪽으로 이동하여 활동수준은 N_2로 낮아진다. 대부분의 경우에 활동의 축소는 일반 물가수준의 상승과 연결되지만 어떤 경우에는, 특히 통화공급이 매우 비탄력적일 때에는, 공급효과조세가 인상되면 지나친 긴축으로 인해 경기가 급속하게 가라앉고 일반 물가수준이 하락하기도 한다.

공급효과조세의 변화에 따른 형식적 귀착이 총수요함수에 주는 영향은 조세수입에 대한 정부의 한계지출성향의 크기에 주로 달려 있다. 공급효과조세가 변화하면 형식적 귀착에서 민간부문의 가처분소득은 변화하지 않지만 민간부문의 조세채무 예상액은 변화한다. 기업의 조세채무 예상액이 변화한다는 것은 정부의 조세수입 예상액이 변화하는 것과 같다. 조세수입에 대한 정부의 한계지출성향이 0이면 총수요함수는 변화하지 않으며 형식적 귀착에서 공급효과조세 인하는 경제확대의 유인이 되고 공급효과

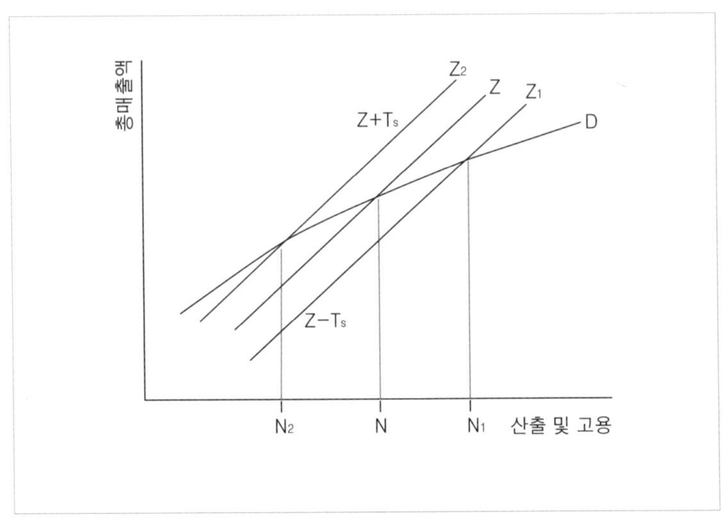

[그림 4]

조세의 인상은 경제축소의 유인이 된다. 정부의 한계지출성향이 0보다 크면 정부지출이 조세채무와 같은 방향으로 변화한다. 즉 공급효과조세를 줄이거나 늘리면 정부지출도 줄거나 늘어난다. 이런 상황에서 조세를 변화시키면 형식적 귀착에서, 활동수준에 대한 효과는 줄어들고 일반 물가에 대한 효과는 늘어나는 방향으로 총수요함수를 변화시킨다. 조세수입에 대한 정부의 한계지출성향이 1이면, 통화공급의 탄력성이 충분히 유지된다고 할 때, 공급효과조세액의 변화는 형식적 귀착에서 일반 물가수준에는 영향을 주지만 경제 전체의 활동수준에는 대체로 별다른 변화를 일으키지 않는다. 일반적으로 공급효과조세를 감액하면 물가가 내리고 증액하면 물가가 오른다. 이상의 설명은 전반적으로는 타당하지만 민간수요에 비해 정부의 직접수요 내지 유발수요가 어느 정도냐에 따라 차이가 생길 수 있다.

[그림 5]에서는 조세수입에 대한 정부의 한계지출성향이 1이라고 가정한다. 이 경우에, 공급효과조세를 T_s만큼 증액하면 형식적 귀착에서 총공급곡선 Z와 총수요곡선 D 둘 다 상향이동하여 각각 Z_1, D_1이 된다. 두 곡선이 같은 금액만큼 상향이동하면 교차점이 수직으로 상승하여 일반 물가수준만 올라가고 활동수준은 그대로이다. 공급효과조세를 T_s만큼 감액하면 형식적 귀착에서 총공급곡선 Z와 총수요곡선 D 둘 다 하향이동하여 각각 Z_2, D_2가 된다. 두 곡선이 같은 금액만큼 하향이동하면 교차점이 수직으로 하강하여 일반 물가수준만 내려가고 활동수준은 그대로 있게 된다. 그러나 두 경우 모두 통화공급의 탄력성에 따라 일반 물가수준과 활동수준 간의 트레이드오프가 일어날 수 있다.

정의에 의하면 소득효과조세액 변화의 형식적 귀착은 총공급함수를 변화시킬 수 없다. 그러나 총수요함수는 변화시킬 수 있다. 총수요함수는, 조세수입에 대한 정부의 한계지출성향이 가처분소득에 대한 민간부문의 한계지출성향과 같을 경우에 한하여, 소득효과조세액 변화의 형식적 귀착에 의해 영향을 받지 않게 된다. 이러한 경우에는 정부의 예상지출의 증가/감소가 민간부문의 예상지출의 감소/증가에 의해 완전히 상쇄된다.

정부의 한계지출성향이 민간부문의 한계지출성향보다 크면 소득효과조세액 증가에 따른 형식적 귀착은 총수요가격을 올리는 쪽으로 작용한다. 정부 조세수입의 예상증가액은 민간 가처분소득의 예상감소액과 같지만 정부지출의 예상증가액은 민간지출의 예상감소액보다 크기 때문이다. 이렇게 해서 모든 N값에 대해 D값이 증가하면 총수요곡선은 상향이동하고 교차점은 오른쪽으로 이동하여 경제가 확대되는 쪽으로 나아간다. 반면 소득효과조세액 감소에 따른 형식적 귀착은 활동을 축소시키게 된다. 민간부문은 가처분소득이 늘어 지출액을 증가시키고 정부는 조세수입이 줄어 지출액을 감소시키겠지만 민간지출 증가액이 세수 감소로 인한 정부지출 감소액을 완전히 상쇄하지는 않을 것이다. 모든 N값에 대해 D값이 하락하면 총수요곡선은 하향이동하고 교차점은 왼쪽으로 이동하여 경제가 축소되는 쪽으로 나아간다.

조세수입에 대한 정부의 한계지출성향이 가처분소득에 대한 민간부문의 한계지출성향보다 작으면 위에서 설명한 것과 반대의 결과가 나타난다. 소득효과조세의 증가에 따른 형식적 귀착은 활동을 축소하는 쪽으로 작용한다. 조세증가액 중 정부가 지출할 것으로 예상되는 금액이 민간부분의 가처분소득 감소액 중 민간이 지출할 것으로 예상되는 금액보다 작다는 것이다. 이렇게 해서 모든 N값에 대해 D값이 하락하면 총수요곡선은 하향이동하고 교차점은 왼쪽으로 이동하여 경제가 축소되는 쪽으로 나아간다.

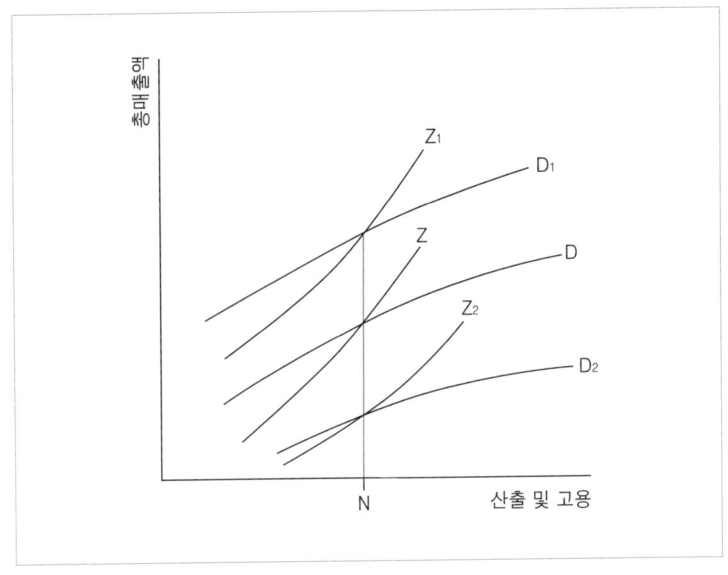

[그림 5]

한편 이런 상황에서 소득효과조세 감소의 형식적 귀착은 경제를 확대하는 쪽으로 작용한다. 민간부문은 가처분소득이 늘어 지출액을 증가시키고, 정부도 조세수입이 줄어 지출액을 감소시키겠지만 민간지출 증가액이 정부지출 감소액보다 크다. 모든 N값에 대해 D값이 증가하면 총수요곡선은 상향이동하고 교차점은 오른쪽으로 이동하여 경제가 확대되는 쪽으로 나아간다.

공급효과조세는 형식적 귀착에서 총공급가격을 즉각 상승시키고 그에 따라 자동적으로 조세전가를 촉발하여 물가를 올리거나 산출과 고용을 축소하거나 또는 두 현상이 같이 나타난다. 소득효과조세의 전가는 납세자가 조세부과에 대해 반발할 때에만 나타난다. 소득효과조세의 총액 또는 변화액이 납세자의 반발을 유발할 만큼 크지 않거나 납세자가 반발할 수 없는 형편이면 형식적 귀착은 그대로 실질적 귀착이 된다. 예를 들어 애덤 스미스는, 지대소득자는 자기 토지의 임대소득에 부과되는 조세를 전가할 수 없다고 하였다. 현대 경제이론에서는 일반적으로 독점 또는 렌트소득monopoly or rental incomes에 부과되는 조세는 전가되지 않는다고 본다. 그러나 대부분의 경우에 소득효과조세는 형식적 귀착에 그치지 않고 납세자의 반발을 초래하여 조세전가가 일어난다. 조세부과에 의해 직접적으로든 납세자의 반발에 의해서든 일단 전가 과정이 시작되면, 조세는 다른 사람의 소득으로 전가되어 나가며 마침내 전가받은 사람이 반발을 할 수 없거나 조세가 경제 전체로 확산되어 추가반발이 일어날 수 없을 정도로 금액이 작아져야 멈춘다. 형식적 귀착과 조세전가를 거친 실질적 귀착의 결과는 상당한 차이를 나타내게 된다. 조세의 최종 귀착점은 우연하게 결정되며 특별한 경우가 아니면 정책의도대로 이루어지지 않는다. 개인이나 기업 또는 경제 전체로 보아 더욱 중요한 점은, 조세전가 과정은 경제 전체를 간섭하고 왜곡하며, 특히 물가상승과 실업을 야기하는 주된 원인이 된다는 사실이다.

5

조세와 인플레이션

조세를 인상하면 인플레이션이 유발된다. 소득효과조세의 인상은 형식적 귀착에서는 아무 영향이 없으나 실질적 귀착에서 임금인상요구를 촉발함으로써 인플레이션을 초래하며, 공급효과조세는 형식적 귀착에서 총수요곡선과 총공급곡선을 모두 상향이동시킴으로써 인플레이션을 유발한다. 특히 총조세액이 경제적 상한선을 넘으면 스태그플레이션 상태에 이르고 만다.

조세를 부과하면 부과하지 않는 경우보다 일반 물가수준이 높아진다. 조세를 감면하면 감면하지 않는 경우보다 일반 물가수준이 낮아진다. 조세가 일반 물가수준에 미치는 이러한 효과는 조세전가 과정을 통해 발생한다. 조세전가 과정은 조세효과를 경제 전체에 퍼지게 하여 실질적 귀착에 이르게 할 뿐만 아니라 조세액의 변화가 조세전가 과정에 의해 일반 물가수준을 변화시킴으로써 경제에 흡수되기도 한다.

조세전가 과정과 그 물가에 대한 효과를 검토하기 위해 다음과 같은 가정을 두어 상황을 단순화하기로 한다. 정부의 한계수입과 한계지출이 같고, 통화정책이 중립적이어서 통화공급이 통화수요와 일치한다. 또 가처분소득에 대한 민간부문의 지출성향이 1이다. 즉 민간부문의 저축성향과 투자성향이 항상 일치한다.

정부가 피고용자의 임금에 근로소득세를 부과하는 방식으로 소득효과조세를 인상하는 경우를 생각해 보자. 이 조세인상액의 형식적 귀착은 총공급함수에 아무런 영향을 주지 않는다. 수요측면에서 보더라도 위의 가정에 의해 총수요함수에 아무런 변화가 없다. 조세가 인상되면 정부지출은 증가하지만 실수령임금은 감소하므로 양자가 상쇄되고 만다. 조세인상에 대한 피고용자 측의 반발 가능성을 무시해도 좋을 만큼의 단기에서는, 민간부문의 지출이 줄고 정부의 지출이 증가하는 데 대해 경제가 적응하는 과정에서 생기는 일시적인 불균형 정도 외에는 특별한 변화가 나타나지 않는다.

납세자의 반발

그러나 피고용자는 실수령임금이 조세로 인해 줄어들었으므로 이에 반발하여 기업주에게 임금의 인상을 요구하게 될 가능성이 있다. 과거의 경험에 비추어 보아도 이런 가능성은 충분히 있고 또 기업주는 결국 이런 요구를 들어주게 된다. 애덤 스미스는, 피고용자의 임금에 조세를 매기면 그 기업주에게 전가된다고 결론을 내린 바 있다. 애덤 스미스는 임금교섭에서 일반적인 기준이 되는 금액은 세후의 순수입이라고 보고 임금의 20퍼센트를 세금으로 징수하면 임금이 25퍼센트 상승하게 될 것이라고 지적하기도 했다(Smith, 제5권 제2장 제2부 III). 그후 200년이 지난 지금에도 각종 통계자료를 검토해 보면 스미스의 견해가 맞는 것으로 나타난다(Burgess, 1973; Dernbury, 1974; Bruce, 1975). 경제협력개발기구OECD에서 발행한 『1978 공공지출추세Public Expenditure Trends』라는 보고서를 보면 "노동조합은 소득세 인상을 전방으로 전가하려 하며 임금교섭의 기준을 세후임금으로 삼는 것이 모든 OECD 국가의 공통된 현상인 것으로 보인다"고 되어 있다. 임금에 부과하는 근로소득세의 인상에 대해 피고용자가 반발하면 그다음의 임금인상 때부터 전가과정이 시작된다. 기업주가 근로소득세액을 피고용자에게 보충해주면 총공급가격은 그 보충액만큼 올라간다. 더구나 누진세 체계에서는 임금액이 높을수록 일부 피고용자는 더 높은 세율의 적용을 받게 되어 조세채무 증가액이 커지므로 이 점도 임금교섭에서 고려된다. 근로소득세 방식으로 소득효과조세가 인상되면 형식적 귀착에서 조세반발이 생기고 세액이 피고용자에서 기업주로 전가된다. 이러한 전가과정에 의해 모든 N에 대해 Z값이 증가하며 그 증가액이 원래의 조세액보다 커질 수도 있다. 위의 가정에 의해 총수요가격과 총공급가격은 동시에 같은 금액만큼 올라간다. 그러므로 교차점은 앞의 [그림 5]에서 보듯이 수직으로 상승한다. 위의 가정에 의해, 소득효과조세의 인상액이 전가되면 일반 물가수준은 올라가지만 산출과 고용은 불변이다. 이 현상은 원인은 다르지만 케인스가 말한 '진성 인플레이션 상태'(Keynes, 1936, p.303)와 외견상 같다. 이 현상은 통화공급의 증가가 실질산출의 성장보다 빠를 때 나타난다는 의미에서 밀턴 프리드먼 등의 학자가 말하는 '인플레이션'과 같은 현상이다.

일반 물가수준이 올라가면 모든 화폐소득의 구매력이 감소한다. 이리하여 조세전가는 경제 전체로 파급된다. 실수령임금의 가치가 물가상승으로 줄어들 때 완벽한 화폐착각(사람들이 화폐가치가 변하지 않는다고 착각하는 현상-옮긴이)이 없는 한 임금인상 요구가 다시 나오게 된다(Hicks, 1977, p.6). 이 현상을 흔히 '임금-물가 악순환'이라고 하지만 이 표현은 광범위하게 일어나는 반발현상을 제대로 나타내지 못한다. 화폐구매력이 하락하면 피고용자만 영향을 받는 것이 아니라 화폐소득을 얻는 모든 사람이 영향을 받는다. 화폐소득을 얻는 사람은 피고용자와 같은 이유로, 기회가 생기면 물가상승에 반발하여 화폐수입을 높이려고 한다. 이러한 제2단계 반발에 의해 악순환 구조가 전가과정에 광범위하게 형성된다. 물가상승으로 줄어든 구매력을 보충하기 위해 화폐소득이 전반적으로 올라가면 물가가 다시 오르고 화폐소득을 받는 사람이 다시 반발하는 악순환이 되풀이된다. 누진세제도는 이러한 인플레이션 압력을 더 크게 한다. 세율이 인상되지 않는 경우라고 해도 명목소득 증가에 의해 고세율을 적용받게 되면 조세채

무가 자동적으로 증가하기 때문이다. 물가인상을 통해 조세귀착이 파급됨에 따라 조세전가가 꼬리를 물고 일어나지만 동시에 그 영향력은 점차로 스러져간다. 앞에서도 지적하였듯이, 자신에게 떨어지는 조세부담에 대해 반발하지 못하는 계층도 일부 있다는 사실은 애덤 스미스 이래 현재까지도 인정되고 있다. 조세귀착이 경제 전체로 확산되어 나가면 더 이상 전가시킬 수 없는 계층에 게 조세부담이 누적된다. 또 조세가 얇게 퍼져서 액수가 적어지 면 반발할 수 있는 계층도 반발할 필요가 없게 되기도 한다. 그리 하여 최초의 반발을 야기했던 조세의 형식적 귀착이 전가과정을 통해 확산되다가 마침내 더 이상 전가되지 않는 실질적 귀착에 이르러 전가과정이 끝나게 된다.

한편 소득효과조세가 인하되면 조세전가 과정이 인상 때와 반 대의 방향으로 일어난다. 위의 가정이 성립한다면, 조세가 경제 체제를 통해 전가됨에 따라 물가는 내리고 산출량과 고용량에는 거의 또는 전혀 변화가 없게 된다. 예를 들어 피고용자의 임금에 대한 근로소득세를 줄이면 형식적 귀착을 통해 실수령임금액이 감세액만큼 늘어난다. 그래서 다음번 임금 교섭기가 되면 조세가 인하되지 않았을 때보다 임금인상폭이 줄어들 가능성이 많다. 애 덤 스미스의 이론이나 오늘날의 현실에 비추어보아도 세후임금 이 교섭의 기준이 된다. 이렇게 해서 감세가 없었을 경우에 비해 노동비용이 줄어들면 그 감세혜택의 일부 또는 전부가 피고용자에서 기업주로 전가된다. 교환경제에서의 시장작용을 통해 각 기업은 결국 노동비용 절감액을 상품가격에 반영하게 된다. 이러한 현상이 일반화되면 조세인하의 혜택이 경제 전체에 퍼지게 된다.

한편 공급효과조세가 인상되면, 정의에 의해, 형식적 귀착을 통해 모든 N값에 대해 Z값이 조세인상액만큼 올라간다. 동시에, 위의 가정이 성립한다면, 모든 N값에 대해 D값도 같은 금액만큼 올라간다. 이런 경우에 기업이 채산을 맞추기 위해서는 조세인상액만큼 공급가격을 올릴 수밖에 없다. 그러므로 공급효과조세 인상의 형식적 귀착은 즉시 물가를 올려 실질소득을 잠식한다. 모든 소득수령자는 기회만 생기면 실질소득 감소에 반발하려고 한다. 이렇게 해서 제2단계 조세전가가 일어나는데 그 모습은 소득효과조세의 인상에 따른 조세전가 과정과 다를 것이 없다. 제2단계가 시작되면 추가세액의 형식적 귀착이 경제 전체에 퍼져나가서 결국 더 이상 반발이 생기지 않는 곳에 실질적으로 귀착될 때까지 계속된다. 공급효과조세액 변화가 그 형식적 귀착에 의해 거의 즉시적으로 가격에 영향을 미친다는 사실 때문에, 수요관리를 할 때 소위 '전략 조세regulators'를 정책수단으로 사용하게 된다. 그렇지만 공급효과조세가 변화할 때 가격이 단 한차례만 변화하고 말 것으로 보는 수요관리 측의 논리는, 완전한 화폐착각이 계속될 것으로 가정하거나 조세반발이 생기지 않을 정도로 조세액 변화폭이 아주 작을 경우에만 타당하다.

조세 인플레이션

이상에서 본 바와 같이 조세전가 과정이란 본질적으로 경제가 비교적 안정적인 어떤 가격수준에서 역시 비교적 안정적인 다른 가격수준으로 이동함으로써 조세변화에 적응하는 과정이라고 할 수 있다. 이러한 적응과정이 가능한 한 산출과 고용을 덜 간섭하려면 중립적인 통화정책이 필수적이다. 이러한 이유로 조세전가가 진행되는 시기를 그 방향에 따라 조세 인플레이션 또는 조세 디플레이션이라고 표현할 수 있다. 조세 인플레이션이 일어나는 시기의 중립적인 통화정책이란 실질산출 성장률 이상으로 통화공급 증가율을 높이는 정책이어야 한다. 산출과 고용이 일정해도 물가가 오르면 통화수요가 늘어나기 때문이다. 이 시기에 통화공급 증가율을 실질산출 성장률 이내로 제한하면 산출과 고용은 줄어들 수밖에 없다. 반면 조세 디플레이션이 일어나는 시기에는 그 역이 성립한다. 즉 중립적인 통화정책은 통화공급 증가율이 실질산출 성장률보다 낮은 정책이어야 한다.

조세 인플레이션 시기에는 조세인상에 경제가 적응하면서 일반 물가가 상승하며 따라서 활동수준이 동일해도 물가상승에 따라 통화수요가 늘어난다. 이 시기에 물가상승의 주된 원인은 조세인상이며, 통화공급 증가율이 실질산출 성장률을 넘더라도 이는 물가상승의 외견상의 원인이 될 뿐이다. 조세전가가 계속되는 동안에 느슨한 통화정책을 쓴다고 할 때, 활동수준 조절을 위한 재정정책의 부작용을 최소화하기 위한 정책이 그러하듯, 이를 인플레이션의 원인이라고 하기는 어렵다. 그렇다고 해서, "인플레이션은 언제 어디서나 화폐적 현상"(Friedman, 1970)이라고 한 밀턴 프리드먼의 말을 부인하는 것은 아니다. 통화를 지나치게 많이 공급하지 않는 한 인플레이션율은 낮을 것이고 때로는 0이 될 수도 있기 때문이다. 그렇지만 조세 인플레이션의 경우에는 프리드먼의 말은 물가상승의 외견상의 원인에 대해서만 언급하는 셈이므로 오해의 소지가 있다. 경제가 조세 인플레이션 시기에 있을 때 통화공급을 줄여서 인플레이션을 퇴치하려고 들면 산출과 고용을 제한하는 결과가 된다. 조세 인플레이션이라는 개념은 실질잔고real balances, 즉 통화량(M)/물가수준(P)에 대한 안정적 수요함수를 인정한다는 점에서 화폐수량설과도 합치된다. 재정정책으로 인해 P값이 증가할 때 활동수준을 제한하지 않으려면 M값도 증가시켜야 한다. 밀턴 프리드먼은 "재정정책은 인플레이션과 별 관계가 없다"(Friedman, 1970, p.24)는 말도 했는데 조세 인플레이션 개념은 이 말과는 확실하게 배치된다. 재정정책은 물가상승의 주된 원인이 되는 경우가 많으며 물가가 상승하면 실질성장률 이상으로 통화공급이 증가하게 되므로 재정정책은 인플레이션과 깊은 관계가 있다.

조세의 경제적 상한선

조세 디플레이션, 조세 인플레이션이라는 용어는 중립적인 통화정책 하에서 경제가 조세변화에 적응하여 비교적 안정적인 가격수준에서 역시 비교적 안정적인 다른 가격수준으로 변화해나가는 기간에 나타나는 현상을 의미한다. 조세 인플레이션의 경우에 실질적 귀착에 의해 물가가 올라가더라도 조세전가 과정이 마무리될 수 있어야 한다. 조세액이 많을수록 전가과정이 더 길어지고 일반 물가수준은 더 높아진다. 따라서 때로는 조세액이 너무 많아서 조세전가와 물가상승이 끝없이 이어질 수도 있다. 즉 조세 인플레이션이 상존할 수도 있다는 것이다. 그러므로 어느 경제에서든 주어진 조건과 물가수준에서 인플레이션율이 0이 되면서 활동수준에 제약을 가하지 않는 조세총액의 상한선이 있기 마련이다. 이러한 조세총액은 전가과정을 통해 어느 정도의 기간 내에 실질적 귀착이 이루어질 수 있는 금액이어야 한다. 콜린 클라크는 한 선구적인 실증연구에서, 이러한 조세총액의 한도를 국민순생산NNP으로 나눈 비율을 조세의 경제적 상한선이라는 용어로 표현하였다(Colin Clark, 1945).

정부의 총조세수입이 이 경제적 상한선을 초과하지 않는다면, 조세 인플레이션은 형식적 귀착에서 전가과정을 거치면서 실질적 귀착으로 퍼져나가는 기간에만 일시적으로 나타난다. 그러나 정부의 총조세수입이 이 경제적 상한선을 초과한다면 지속적인 조세 인플레이션 상황이 야기된다. 조세 인플레이션이 지속적으로 나타나느냐 억제되느냐는 정부의 정책에 달려 있다. 완전 통제경제에서는 억제되는 경우가 많다. 그러나 개방적 교환경제의 비교적 자유로운 시장에서는 통화정책에 따라 인플레이션율과 산출·고용의 제약 정도 간의 트레이드오프 관계가 결정된다. 정부는 수요관리기법을 쓰면 일시적으로 인플레이션율을 줄일 수도 있겠지만 장기적으로는 사태를 더욱 악화시킨다. 실질수요를 줄이기 위해 조세를 인상하면 물가가 올라가고 국민순생산의 성장이 억제된다. 성장억제와 물가상승이 결합하여 조세의 경제적 상한선을 낮추며 결국에는 밀턴 프리드먼이 '스태그플레이션 stagflation'이라고 표현한 상태에 이르고 만다. 긴축 통화정책을 쓰면 지속적인 조세 인플레이션은 억제할 수 있지만 그 대신 산출과 고용이 위축된다. 물론 영국의 경우처럼 이를 통해 생산성이 향상되는 부수적인 효과가 나타날 수도 있기는 하다. 그러나 단기적인 효과가 있다고 하더라도, 활동수준이 회복되기 시작하면 인플레이션율은 가속적으로 상승한다. 활동수준이 올라가면

조세반발이 쉬워지고 전가과정에 다시 시동이 걸린다. 지속적인
조세 인플레이션을 뿌리뽑을 수 있는 단 한 가지 정책은, 조세수
입을 줄여서 조세로 인해 늘어나는 기업비용을 줄이고 시장가격
으로 나타낸 국민순생산을 늘리는 정책이다. 조세의 경제적 상한
선이 무시되면 경제호황을 유지하면서 인플레이션율을 0으로 묶
어두는 것은 불가능하다.

6

조세와 실업

고용관련세는 임금교섭폭을 줄여 임금교섭을 어렵게 만들고 노사관계를 악화시킬 뿐만 아니라, 노동절약적 투자를 촉진하여 일자리를 줄이고 경제를 왜곡하며 지하경제를 배양한다.

모든 조세는 총공급가격을 올리기 마련인데, 이로 인해 개방적 교환경제에서 기업의 경쟁력이 떨어지면 실업이 증가한다. 더구나 산업화된 서방 경제의 일반적인 여건상, 어떤 조세는 실업을 증가시키는 정도가 아니라 일자리를 완전히 없애기도 한다. 교환경제에서 소득을 얻으려면 교환을 해야 하고 교환을 하기 위해서는 무언가 판매할 것이 있어야 한다. 현대 교환경제에서 생산기업에 노동을 제공하는 사람들은 산출물에 대한 소유권이 없기 때문에 이들이 판매할 것이라고는 노동밖에 없다. 한편 산출물을 소유하게 될 사람은 그 산출물 생산을 위해 원료와 노동을 구매하여야 한다. 그러므로 산출물시장 이외에 노동시장도 존재하며 이곳에서 노동을 사고파는 사람간의 교섭을 통해 시장노동가격이 결정된다. 이런 상황에서 피고용자의 임금에 소득세withholding taxes를 매기거나 기업주에게 사회보장세payroll taxes를 매기면 임금교섭과정과 시장노동가격에 대한 효과를 통해 노동시장이 왜곡되어 추후의 고용을 직접적으로 감소시킨다. 뿐만 아니라 이런 유형의 조세는 기업주의 노동 절약적인 투자에 보조금을 지급하는 셈이 되어 일자리를 직접 파괴하기도 한다. 실제로 노동절약적 투자는 기업이 고용관련세를 피하여 경쟁력을 유지하려는 목적으로 이루어지는 경우가 많다.

노동의 가격

경제이론에서 시장노동가격은 보통 '임금'이라고 하는데 이 용어는 여러 가지로 해석된다. 필립스는 '필립스 곡선 가설'에서 화폐임금을 시장노동가격이라고 보았다(Phillips, 1958). 그러나 밀턴 프리드먼은 이를 비판하고 시장노동가격이란 '실질임금real wages'이며, 애덤 스미스 이래 수많은 경제학자가 자기와 같은 견해를 갖고 있었다고 주장하였다(Friedman, 1975, p.15). 그러나 프리드먼은 애덤 스미스의 진수를 충분히 이해하지 못한 듯하다. 애덤 스미스는『국부론』에서 "화폐노동가격은 두 가지 요인에 의해 영향을 받는다. 하나는 노동에 대한 수요이고 다른 하나는 생필품과 생활물자의 가격이다"라고 하였다(Smith, 1776, 제1권 제8

장). 스미스는 또 화폐노동가격은 '서로 이해관계가 일치할 수 없는' 기업주와 피고용자의 합의에 의해 정해진다고 하였다.

애덤 스미스가 든 두 번째 요인을 요즘 말로 표현하면 실수령임금take-home pay(현물 보수를 포함한 총수입에서 근로소득세를 뺀 나머지)의 구매력이며 이는 피구Pigou가 말하는 '임금재wage goods'와 같은 의미를 갖는다. 보수의 이 같은 측면은 기업주에게는 직접적인 관심사가 아닐지 모르지만 피고용자에게는 직접적인 관심사이다. 이것이 피고용자가 임금 협상을 위해 기업주에게 제시할 수 있는 가격 하한선을 결정한다. 제5장에서도 지적하였듯이 실수령임금의 구매력이 물가상승으로 깎여버리면 피고용자는 이에 반발한다. 기업주가 실수령임금으로 지불할 수 있는 금액이 이 하한선을 밑돌면 피고용자는 시장에서 노동공급을 하지 않으려 한다. 이 때문에 애덤 스미스는, 밀턴 프리드먼의 추측과는 달리, 실질임금과 시장노동가격이 같다고 하지 않았으며, 실질임금은 화폐노동가격과 노동공급을 결정하는 요인 중의 하나라고 했다.

애덤 스미스가 시장노동가격에 영향을 준다고 지적한 두 요인 중 첫째 요인인 노동에 대한 수요는, 현대에서는 주로 기업의 노동수요로 나타난다. 기업의 노동수요는 파생수요derived demand이다. 본원적으로 노동산출물에 대한 수요가 있어야 기업이 노동을 수요하게 된다는 것이다. 이처럼 노동수요는 노동시장의 상황보다는 산출물시장의 상황에 의해 결정된다. 산출물시장에서는 산출물의 단위당 시장가격도 결정된다. 그러므로 기업이 노동에 대해 지불할 수 있는 임금의 상한선은 노동시장이 아닌 산출물시장의 상황에 의해 정해진다. 산출물시장이 판매자(기업) 쪽으로 유리하게 움직이면 노동수요도 증가하고 기업이 지불할 수 있는 임금의 상한선도 상승한다. 산출물시장이 구매자 쪽으로 유리하게 움직이면 노동수요는 줄어들고 기업이 지불할 수 있는 임금의 상한선도 하락한다. 일반적으로 기업은 현재의 시장에서 형성된 노동가격을 지불하고도 이윤을 남길 수 있어야 노동의 실수요자가 된다고 할 수 있다.

임금교섭

임금교섭에서 임금액이 올라갈 수 있는 최고한도는 기업이 노동에 대해 지불할 수 있는 상한선에 의해 정해진다. 전통이론에서는 임금교섭의 낙착액이 피고용자가 수용할 수 있는 하한선에 의해 결정된다고 하였지만, 케인스 이론에 의하면 오히려 기업이 지불할 수 있는 상한선에 의해 결정된다는 결론에 이른다. 케인스 이론에서 총공급가격에 포함되는 실수령임금은, 용어의 정의에 의해, 임금교섭 과정에서 각 기업이 예상하는 최고한도에 의

해 정해진다. 총공급가격에 포함되는 실수령임금이란 기업이 예상하는 임금상한선에서 조세를 공제한 금액이며, 기업은 어떤 실수령임금 수준에서 취업하게 될 노동량과 그 노동량에서 나올 산출 수준을 겨우 유지할 수 있는 최저이윤을 예상하고 이를 바탕으로 하여 피고용자에게 줄 수 있는 임금의 상한선을 정한다. 근로소득세 이외의 다른 이유로 실수령임금의 실제 금액이 기업의 예상보다 적다고 하면, 기업의 실제 이윤은 현재의 활동수준을 겨우 유지하기 위해 필요하다고 예상하는 이윤보다 많게 된다. 이런 경우에 각 기업은 상호경쟁을 통해 낮은 시장노동가격과 최저수준의 기업이윤에 일치하도록 개별 공급가격을 하향조정하게 된다. 이렇게 개별 공급가격이 내려가면 총공급곡선도 하향이동하게 되고, 총수요곡선이 변하지 않는다면, 두 곡선의 교차점은 오른쪽으로 이동하여 활동수준이 높아진다. 이 때 활동수준은, 기업이 예상하는 실수령임금의 상한선과 실수령임금의 실제 낙착액이 비슷해지는 수준까지 올라간다. 반대로 근로소득세 이외의 다른 이유로 실수령임금의 실제 금액이 그 활동수준에서 기업이 예상한 금액보다 많다고 하면 실제 이윤은 기업이 그 활동수준을 겨우 유지하기 위해 필요한 이윤에 미치지 못한다. 이로 인해 개별 공급가격이 인상되면 총공급곡선도 상향이동하게 되고, 총수요곡선이 변하지 않는다면, 두 곡선의 교차점은 왼쪽으로 이동하여 활동수준이 내려간다. 이 때 활동수준은, 기업이 예상하는 실수령임금의 상한선과 실수령임금의 실제 낙착액이 비슷해지는 수준까지 내려간다.

총수요가격이 변하지 않는다는 가정은 활동수준의 변화를 다소 과장한다는 문제가 있기는 하지만, 기업이 지불할 수 있는 상한선에서 실수령임금이 낙착된다는 결론을 무효화할 정도는 아니다. 실제 낙착액이 예상보다 작을 경우에는 소비지출도 예상보다 적을 것이다. 그러나 가처분소득에 대한 소비지출성향은 보통 1보다 작기 때문에 소비지출의 부족분(=예상 소비지출−실제 소비지출)은 실수령임금 낙착액의 부족분(=예상 낙착액−실제 낙착액)보다 적다. 조세수입과 정부차입에 대한 정부의 지출성향은 항상 1이다. 투자지출은 경제전망에 따라 달라지는데, 이윤이 예상보다 많으면 늘어나고 소비지출이 예상보다 적으면 줄어든다. 이런 사정을 종합적으로 고려하면 총수요곡선의 하향이동폭이 총공급곡선의 하향이동폭보다 작을 것으로 추측된다. 그 결과 활동의 확대폭도 총수요곡선이 불변일 경우보다 작을 것이다. 그렇지만 경제는 실수령임금의 예상 낙착액과 실제 낙착액이 비슷해지는 쪽으로 움직여 나갈 것이다. 반대로 실수령임금의 실제 금액이 예상보다 많으면 총수요곡선은 상향이동한다. 그러나 그 이동폭은 총공급곡선보다 작다. 그에 따라 활동의 축소폭은 총수요곡선이 불변일 경우보다 작겠지만 역시 경제는 실수령임금의 예상 낙착액과 실제 낙착액이 비슷해지는 쪽으로 움직여 나갈 것이다.

케인스의 고용에 관한 일반이론에서는 임금은 기업이 노동에 대해 지불할 수 있는 상한선에서 낙착될 것으로 전제하고 있다. 기업주의 입장에서 '상한선'이란 실수령임금이 아니라 노동비용(기업이 납부하는 고용관련세 포함)이며 이 때문에 일부 노동시장, 특히 노동조합이 없는 분야에서는 앞에서 설명한 임금교섭과정과 다른 현상이 나타난다. 기업 측에서 임금액(근로소득세액까지 포함)을 제시하면 피고용자는 이를 받아들여 취업하거나 아니면 취업을 포기하는 것이 상례가 되어 왔다. 제시된 임금액이 기업에서 부담할 수 있다고 예상하는 상한선일 때에는 교섭을 통해 임금이 올라갈 여지가 없다. 다만 임금 제시액이 피고용자가 받아들일 수 있는 하한선보다 높더라도 피고용자는 일자리를 안전하게 지키기 위해 제시액보다 더 적은 금액으로 합의하는 경우도 없지 않을 것이다. 기업 쪽에서 제시하는 임금에 응하는 적당한 사람이 없으면 기업은 직원 모집을 포기하거나 지원자를 끌기 위한 새로운 개선안을 내놓게 된다. 지원자가 많으면 같은 임금을 받고도 더 많은 성과를 낼 수 있는 사람을 고르거나 일시적으로 모집을 보류하고 임금을 낮추어 다시 모집하게 된다. 지원자의 입장에서는, 임금이 시장에서 교섭을 통해 정할 수 있는 것이 아니라 고정되어 있는 것으로 보인다. 케인스 이론에서는 임금이 기업주가 지불할 수 있다고 예상하는 상한선으로 낙착되는 경향이 있다는 결론을 내었지만, 피고용자의 입장에서는 그 낙착과정이

겉으로 드러나지 않은 채 내부적으로만 일어나는 것으로 보인다. 이러한 현상은 노동시장은 물론 다른 시장, 특히 서방 국가에서 소매상과 최종소비자 간에도 많이 나타난다.

임금교섭폭

임금교섭은 다른 교섭과 마찬가지로 제로섬 게임이 아니기 때문에 두 당사자 모두 교섭의 결과로부터 이익을 얻을 것으로 기대한다. 따라서 임금교섭이 낙착되려면 임금교섭폭이 존재해야 한다. 이 폭은 노동제공의 대가로 기업이 피고용자에게 지불할 수 있는 임금의 상한선과 피고용자가 받고자 하는 임금의 하한선 간의 차이를 말한다. 임금교섭은 교섭폭이 존재해야 낙착될 수 있다. 낙착액은 기업주가 지불할 수 있는 상한선이 되는 경향이 있지만, 실제 낙착액은 그밖에 다른 시장가격처럼 산출물시장의 전반적인 상황과 노동시장의 상황에 의해서도 영향을 받는 것처럼 보이기도 한다. 산출물에 대한 수요가 줄어들면 총수요곡선이 하향이동하고 그에 따라 노동수요도 감소하며 기업주가 노동에 지불할 수 있는 상한선도 내려간다. 노동시장에서 노동수요가 줄면 낙착액의 평균수준은 하락하거나 아니면 적어도 노동수요가 줄지 않았을 때 인상될 수 있는 폭에 미치지 못하게 된다. 낙착액의 평균수준이 하락하면 기업간 경쟁에 의해 각 기업주는 총공급 곡선을 하향이동시키는 쪽으로 노동비용에 관한 예상을 수정할 것이다. 그러면 시장력에 의해 활동수준의 하락세가 늦추어지다가 결국에는 반전된다. 그와 반대로 산출물에 대한 수요가 늘어나서 활동수준이 상승세를 보일 때에는 시장력에 의해 활동수준의 상승세가 늦추어지다가 결국에는 반전된다. 총수요곡선이 활동수준의 상승에 힘입어 상향이동하면 기업주의 노동수요가 늘어나고 노동에 지불할 수 있는 상한선도 올라간다. 이런 상황에서는 임금 낙착액의 평균수준도 올라가기 때문에 각 기업주는 총공급곡선을 상향이동시키는 쪽으로 노동비용에 관한 예상을 수정하게 된다.

임금교섭이 존재하고 시장력이 자유롭게 작용하는 상황에서는, 케인스의 고용에 관한 일반이론은 임금 낙착액 변화율과 실업률 간의 관계를 설명하는 필립스 곡선 가설과 일치한다. 경제활동수준이 상승하는 국면에서는 실업률이 낮아지고 임금 낙착액이 올라가는 경향을 보일 것이다. 반대로 경제활동수준이 하락하는 국면에서는 실업률이 높아지고 임금 낙착액이 내려가는 경향을 보일 것이다. 그런데 이러한 결론은, [그림 1]에서처럼 상당한 '비자발적 실업'이 존재하는 경기침체기에도 경제의 안정적 균형상태가 이루어질 수 있다고 하는 케인스의 가설과 모순되는 것으로 보인다. 케인스의 가설이 성립하려면, 임금교섭폭이 존재하면서도 시장력이 자유롭게 작용하지 못하는 경우도 있다는 사실이 입증되어야 하기 때문이다.

케인스가 고용에 관한 일반이론을 정립한 시기는 1930년대 초의 세계적인 불황기였고 특히 영국에서는 약 10년간 디플레이션이 계속된 다음이었다. 영국화폐의 국내 구매력은 1920년에서 1930년 사이에 60퍼센트가 올랐다. 불황과 디플레이션이 결합하면 총수요곡선이 비교적 빠른 속도로 대폭 하향이동하고 그에 따라 기업주가 피고용자에게 지불할 수 있는 상한선도 급격히 하락한다. 반면 피고용자가 받으려고 하는 노동공급의 대가의 하한선은 시장력보다는 심리적인 요인에 의해 영향을 받게 되고 그 결과 하한선이 경제 여건의 변화에 적응하는 속도가 매우 느리게 된다. 그리하여 임금교섭폭이 사라지고 때로는 그 폭이 마이너스가 되기도 하여 피고용자의 하한선이 바로 임금 낙착액으로 되고 만다. 일단 이런 상황에 접어들면 시장력에 의한 회복을 단기적으로는 기대할 수 없다. 회복이 되려면 경제·사회적 여건이 바뀌어 피고용자의 심리적인 장벽이 억제되고 피고용자의 하한선이 기업주의 상한선 아래로 내려갈 수 있을 정도의 장기간이 필요하다. 1930년대에 케인스 등은 공공사업을 벌여 정부지출을 늘리고 일반 물가수준을 약간 상승시켜야 당시의 불황에서 벗어날 수 있다고 정부에 건의하였다. 이러한 정책 덕에 기업주의 상한선이 피고용자의 하한선보다 높아질 수 있었다고 할 수도 있다. 그러나 이 정책은 1930년대의 불황을 극복했다고 해도 오늘날에는 효력이 없다. 영국에서 파운드의 국내 구매력은 지난 50년간 계속 떨어졌고 1980년대에도 40퍼센트 이상 떨어졌다. 지금까지 20여 년간 영국은 지속적인 인플레이션과 실업이 상당한 정도였고 때로는 매우 심각한 상태에 이르기도 했다.

고용관련세

1970년대 이후의 높은 실업률에 관한 통화주의자의 견해를 들어보자. 인플레이션율이 급속히 하락할 때, 기업주가 지불할 수 있는 상한선은 즉각 영향을 받지만 피고용자는 인플레이션이 쉽사리 수그러들 것으로 보지 않는다. 이렇게 되면 임금교섭폭은 사라지고 피고용자가 생각하는 하한선이 기업주가 지불할 수 있는 상한선을 초과하여 시장노동가격은 피고용자의 하한선에 의해 결정되며 기업주는 노동수요를 줄이게 된다. 이런 상황에서는 피고용자의 인플레이션 예상이 변화하여 지나친 임금인상 요구를 포기할 때까지 실업문제는 계속된다. 이러한 통화주의자의 견해는 최근의 고실업률을 부분적으로 설명해주기는 하지만, 실업률이 1950년대 중반 이래 계속 높아지고 있는 영국과 같은 나라가 부닥친 문제의 핵심을 제대로 설명하지 못한다. 영국의 경우,

실업의 주된 원인은 역대 정부가 총임금액을 과표로 하는 기업주 부담의 사회보장세와 피고용자 부담의 근로소득세를 계속해서 올림으로써 임금교섭폭을 좁혀 왔다는 데 있다. 조세수입을 올리는 이 두 방법이 결합하면 고용기회를 확실하게 줄이는 악영향을 미친다. 이러한 조세를 고용관련세taxes on employment라고 할 수 있다.

기업 부담의 사회보장세가 부과되면 기업주가 노동에 지출할 수 있는 총액의 상한선은 그대로이지만 피고용자에게 임금으로 지불할 수 있는 상한선은 즉시 세액만큼 줄어든다. 그리하여 사회보장세는 형식적 귀착에 의해 즉시 그리고 직접적으로 임금교섭폭을 줄인다. 영국에서 이러한 조세의 예를 들어보면 과거에는 선별적 고용세selective employment tax와 국가보험부가금national insurance surcharge이 있었고 현재는 국가보험의 기업주부담금employers' national insurance contributions이 있다.

그런데 장기적으로 보아 더 중요한 사실은 기업 부담의 사회보장세가 '노동절약적 투자'에 보조금을 주는 셈이 된다는 것이다. 이러한 조세가 오래 지속되면 그 영향을 바로 잡기가 매우 어려워진다. 기업이 사람을 고용하는 대신 기계를 도입하면 사회보장세를 물지 않는다. 새로운 노동절약적 투자가 흥성하는 원인이 바로 이러한 조세회피적 동기에 있는 경우가 많다. 일단 이루어진 투자의 결과는 장기간 계속되어 새로운 생산과 교환의 패턴을 형성한다. 조세회피 때문에 일자리가 영구히 사라질 수도 있다. 새로이 형성된 패턴이 경제의 진보인가 왜곡인가 여부는 경우에 따라 다를 것이다. 그러나 조세로 인해 발생된 노동절약적 투자의 상당 부분이 사회 전체의 관점에서 볼 때 노동의 절약이 아니라 단지 보수를 받는 노동에서 무보수 노동으로의 변화에 불과한 경우가 많다.

예를 들어 영국에서 선별적 고용세가 신설된 1966년에 소매점이 셀프서비스로 변화하기 시작했다는 사실은 우연이 아니다. 이 조세의 목적은 서비스 부문의 노동비용을 증가시켜 제조업 부문의 고용을 확대하려는 데 있었다. 이러한 정부의 의도는 부분적으로 달성되었다. 선별적 고용세로 인해 가족소유 형태의 소규모 소매상이 큰 타격을 받았고, 이들 영역은 풍부한 자금력을 통해 셀프서비스 방식의 가게를 꾸며 선별적 고용세를 회피할 수 있었던 대기업에 넘어가고 말았다. 소매업이라는 좁은 범위 내에서 보면 이러한 투자는 노동절약적이었고 생산성이 대폭 향상되었다고 할 수 있다. 그러나 일반 고객의 입장에서는 그와 반대이다. 그전에는 고객이 가게에 주문을 내면 배달원이 집 앞까지 물건을 배달해주었지만 이제는 불가능하게 되었다. 선별적 고용세로 인해 이런 인적 서비스는 시장성을 잃고 말았다. 오늘날에는 고객이 차를 몰고 수퍼마켓까지 가서 힘들게 주차를 한 다음 매장을 돌면서 필요한 물건을 고르고 계산대에 줄을 서서 기다렸다가 차에 싣고 집에 와서 물건을 내려야 한다. 이 모든 일이 시간도 들고 보수도 없는 고된 노동이다. 조세로 인해 야기된 거액의 투자가 과연 노동을 절약했다고 볼 수 있는가? 선별적 고용세는 수익성 있는 업종의 범위를 줄였고 그 과정에서 보수를 받는 일자리를 파괴했다. 선별적 고용세는 이미 철폐된 지 오래지만 새롭게 들어선 소매형태는 급속히 성장하고 있다. 배달소년에서 사장으로 이어지던 화려한 성공사례는 이제 불가능하게 되었다. 조세가 성공의 사다리의 첫째 계단을 부수어버렸기 때문이다. 성공사례는 사라지고 직장을 구하지 못하는 젊은이들이 늘어났다. 이런 젊은 이들은 업무경험이 없어 자연히 다른 일자리도 얻기 어렵게 된다.

피고용자의 총임금액을 과표로 하는 근로소득세도 사회보장세처럼 임금교섭폭을 줄인다. 근로소득세가 부과되면, 피고용자가 받으려 하는 실수령임금의 하한선은 그대로이지만 총임금의 하한선은 세액만큼 올라간다. 제5장에서도 설명하였듯이 피고용자가 근로소득세를 자신의 기업주에게 전가하여 결국에는 기업주의 노동비용이 올라간다. 근로소득세를 인상하면 사회보장세의 경우와 같이 조세전가 과정을 통해 노동비용이 상승하고 그에 따라 노동절약적 투자를 촉진하여 일자리를 파괴한다. 그밖에도 근로소득세 때문에 피고용자가 추가노동을 공급하지 않으려고 한다는 부작용도 있다. 피고용자는 여가시간에 세금 안 내는 활동을 하려고 한다. 기업에서 초과근무를 해달라고 할 때 피고용자는 "국세청만 좋을 일을 내가 왜 해?" 하고 반응하는 경우가 많다. 그러다 보면 결국 지하경제만 번성하게 된다.

고용관련세(사회보장세와 근로소득세)는 직접적으로는 임금교섭폭을 줄여 임금교섭을 어렵게 만들고 노사관계를 악화시킬 뿐만 아니라, 일자리를 줄이고 경제를 왜곡하며, 지하경제를 배양하여 세법 자체를 무색케 만든다. 때때로 정부가 지하경제를 발본색원하여 수입을 늘리고 그에 따라 다른 세율(주로 소득세율)을 반으로 또는 큰 폭으로 낮추어야 한다는 주장이 나온다. 그러나 고용관련세가 있는 한 이는 넌센스다. 지하경제가 조세망에 포착된다면, 지하경제는 생산을 중단하기 때문에 조세수입이 증가하지 않는다. 경제의 전체 규모가 그만큼 줄어들 뿐이다. 지하경제는 조세회피 위에서 존재하고 또 번성한다. 조세로 인해 물가가 상승하면 유효수요도 줄어든다. 지하경제를 없애는 첫걸음은 고용관련세를 철폐하여 핵심원인을 제거하는 것뿐이다.

고용관련세가 임금교섭폭을 완전히 없앨 정도로 인상되면 노동시장의 작용에 근본적인 변화가 일어난다. 기업주가 지불할 수 있는 상한선에서 고용관련세를 공제하고 나면 피고용자가 받으려고 하는 하한선 이상이 되지 않는다. 따라서 교섭의 여지가 사라진다. 이런 상황에서는 노동시장이 제대로 작동할 수 없으므로 노동거래의 당사자는 교섭을 통해 모두에게 이익이 되는 선에서 가격을 정할 수 없다. 시장은 가격이 고정된 독점시장과 같은 모습이 된다. 피고용자가 받으려고 하는 하한선은 시장여건에 따라 신축적으로 변하지 않으므로 기업주 입장에서는 노동가격, 즉 노동비용이 고정된 것으로 여기는 수밖에 없다. 이 경우 노동가격은 정부가 고용관련세의 법제화에 의해 외부적으로 결정해주는 것과 같다.

정부가 고용관련세를 통해 임금교섭폭을 없앰으로써 노동시장에서 노동가격이 고정되면 기업주와 피고용자가 다 같이 받아들이느냐 포기하느냐의 양자택일의 상황에 처한다. 이런 경우에도 필립스 곡선의 관계가 성립하기는 하지만 화폐구매력의 변화를 감안하면 실업에 관한 인과관계가 뒤바뀐다. 즉 실업률이 독립변수에서 종속변수로 변한다. 필립스의 가설처럼 노동시장의 상황이 임금교섭 낙착액에 영향을 주는 것이 아니라, 고용관련세의 총액이 노동시장의 상황을 결정하는 것이다. 20세기 후반 영국의 실증자료에 의하면, 고용관련세가 인상되면 12개월 내지 15개월 후에 실업률이 오르기 시작하였다. 드물기는 했지만 고용관련세가 인하되었을 때에도 12개월 내지 15개월 후에 실업률이 내리기 시작하였다. 영국에서 인플레이션율의 완화로 인해 실업률이 일시적으로 올라간 적도 있기는 하지만, 대부분은 언제나 제2차 세계대전 이래 역대 정부가 실시해 온 조세정책이 직접적으로 빚어낸 결과이다.

7

중농학파의 전통

지대가 유일한 공공수입원이 되어야 한다는 견해로는 중농

학파와 헨리 조지의 이론이 주목된다. 중농학파는 조세가

장래 생산을 제약하며 공공수입에 적합한 자연적 원천이

있다는 점을 지적하였으나 교환경제에 적용하기는 어렵다.

헨리 조지는 리카도 지대이론을 발전시킨 공이 있으나 지

대가 공공서비스에 대한 유효수요를 반영한다는 점은 간과

하였다.

18세기의 마지막 20여 년간 프랑스에서 활약했던 중농학파Physiocrats는 근대적 의미에서 최초의 경제사상 학파를 형성하였다. 그들은 경제학자économiste라고 자칭하면서 조직적인 사상가 그룹을 형성하였으며 정부의 경제정책에 영향을 주려고 했다. Physocrats라는 명칭은 이 학파의 핵심인물이었던 케네François Quesnay(1694~1774)의 책 *Physiocratie, ou constitution naturelle du gouvernement le plus avantageux au genre humain*(자연 통치: 인류에 가장 큰 혜택이 돌아갈 수 있는 자연적인 정부 구성법)에서 연유된 것이다. Physiocrats라는 말은 그리스어 physis(자연, nature)와 kratein(지배, to rule)에서 나온 것으로 19세기에 들어서야 이 학파를 부르는 명칭으로 일반화되었다. 이 명칭은 중농학파가 자연법과 자연 질서를 중시한다는 사실을 나타낸다. 이 책의 관점에서 볼 때 중농학파가 갖는 의의는 그들이 조세철폐를 주장하고 그 대신 자연적인 공공수입의 원천을 제시했다는 점이다. 또 중농학파는 정부의 지출은 자연적인 수입의 범위 내에 한정되어야 한다고 주장하였다. 오늘날에는 그 반대로 정부지출 예상액이 조세의 수준을 결정한다는 것이 통념으로 되어 있다.

중농학파가 지적하였듯이, 새로운 부를 생산하려면 부의 일부가 소비되어야 하는데 생산된 부에서 소비된 부를 공제한 차이가 부의 순증가량을 나타낸다. 중농학파는 이를 '순생산net product'이라고 불렀다. 중농학파는 또 농업생산만이 순생산을 창출하는 힘을 갖는다고 하였다. 노동자는 농업에 종사할 때에만 소비한 부보다 더 많은 수확을 얻을 수 있다고 보았다. 그런 까닭에 상공업은 '불모sterile' 산업이라고 하였다. 여기에서 '불모'라는 말은 상공업이 불필요한 산업이라는 뜻이 아니고 단지 부를 추가할 수 없는 산업이라는 의미에서 비생산적인 산업이라는 뜻이다. 상공업은 소비하는 부만큼만 새로운 부를 생산한다고 보아 순생산을 증가시키지 않는다고 하였다. 중농학파 이론의 약점은 부가가치라는 개념이 없었다는 점이다. 중농학파의 저술에는 실제로 '가치'에 대한 언급이 거의 없다. 빵과 보습이 교환되면 가치가 서로 동등한 것으로 보는 정도이다. 중농학파는 농업에서 발생한 순생산의 대부분은 지대의 형태로 지주에게 귀속된다고 하였다. 중농

학파는 이러한 부의 순환현상을 발견하였는데 이는 생물학사에
서 혈액순환의 발견에 비견된다. 그들이 제안한 '단일세Impôt
Unique, single tax' 제도는 이러한 순환개념에 근거를 둔 것이다.

공공수입과 조세에 관한 이론은 중농학파 체계의 상당 부분을
차지하며 또 그 특징이 되기도 한다. 오늘날 사회문제의 원인을
부의 '불공평한 분배'에서 찾는 경우가 많지만, 진정한 원인은 잘
못된 '조세제도'에 있다고 강조한 중농학파의 견해가 더 설득력
이 있다. 중농학파는, 일반적인 조세는 '자연 질서'에 반하며 그
결과 장래의 생산을 제약한다고 보았다. 지주가 순생산을 공제하
고 나면 농업에는 동일한 생산수준의 유지에 필요한 부만 남는
다. 그 위에 농민이 조세를 더 납부해야 한다면 토지에 비해 자본
이 적어지고 따라서 그 이듬해에는 생산량이 줄어든다. 중농학파
는 이렇게 해서, 어떤 식으로건 결국 조세를 부담하는 계층은 지
주라고 하였다. 상공업은 소비하는 부 이상의 새로운 부를 생산
하지 못하기 때문에 상공업에 조세를 매기면 부의 소비가 줄어
새로운 물자의 구입이 제약된다. 장래의 생산이 줄어드는 것을
막으려면 '불모'산업이 조세만큼 상품가격을 올리는 수밖에 없
다. 이 경우에도 역시 지주가 어떤 식으로건 결국 조세를 부담하
게 된다. 이와 같은 중농학파의 이론체계에 의하면, 공공수입의
유일한 원천은 순생산이고 자연 질서에 순응하기 위해서는 순생
산을 지주로부터 징수하여야 한다. 일반적인 조세와 중농학파가

주장한 단일세의 본질적인 차이는, 조세는 자의적일 수밖에 없는 부과금인데 반해 단일세는 자연적으로 결정되는 순생산이라는 점에 있다. 중농학파는, 순생산의 약 30퍼센트 정도면 정부의 경비로 충분하다고 계산하였다. 중농학파였던 뒤퐁Dupont de Nemours은, "이 정도로 불충분하다면 자연적이고 합리적인 결론은 단 하나뿐이다. 즉 정부가 지출을 줄여야 한다"고 강조하였다.

중농학파 이론이 산업화된 선진 교환경제에 직접 적용될 수는 없지만 현대의 경제문제에 시사하는 바가 있다. 예컨대 조세는 반드시 장래의 생산을 제약한다든지, 공공수입에는 자연적 원천이 있고 이로 인해 정부지출에 자연적 한도가 있다고 한 것 등을 들 수 있다. 첫째 주제인 장래 생산의 제약이라는 문제는 오늘날 많이 나타나는 문제이며 약 150년 후에 형성된 케인스 이론을 통해서도 같은 결론이 도출된다. 두 번째 주제는 정부도 개인처럼 수입의 범위 내에서 살림을 꾸려나가도록 함으로써 현대정부의 낭비성향에 제동을 걸 수 있다. 또 토지에서 나오는 소득의 특수성을 지적하면서 단일세를 징수하자고 한 것도 눈길을 끈다. 단일세 제도는 19세기 후반 미국의 헨리 조지가 산업화된 교환경제에 맞추어 새롭게 정립하였다. 헨리 조지 이후에 세계적으로 단일세 운동이 펼쳐졌는데 오늘날에도 여러 나라에 관련 단체가 있고 국제학술회의가 열리기도 한다.

　　헨리 조지Henry George(1839~1897)도 중농학파처럼 자연질서를 강조하였으며, 나아가서 생활의 질과 환경에 대해 20세기 후반의 녹색주의자보다도 더 깊은 관심을 보였다. 헨리 조지의 저술에는 환경이 미래 세대를 위한 공동의 유산이라는 인식이 기본이 되어 있다. 오늘날 그의 대표작으로 잘 알려진 『진보와 빈곤』은 부제가 '경제불황의 원인 및 부의 증가에 따라 빈곤도 증가하는 원인과 그 해결책에 대한 연구'였고, 1879년 샌프란시스코에서 처음 발간된 이래 계속해서 이 분야의 베스트셀러가 되어왔다. 헨리 조지가 제시한 해결책은 간단하고 실제적인 것으로 "토지가치에 대한 조세 이외의 모든 조세를 철폐하자Abolish all taxation save that upon land values"는 내용이다(George, 1879, 제8권 제2장). 정치경제학의 모든 위대한 저술이 그렇듯이 이 책도 당시의 중요 사회문제를 겨냥한 것이다. 리카도David Ricardo(1772~1823)는 지대이론을 정립하고, 옥수수 경작지의 가격이 높기 때문에 옥수수 가격이 높은 것이 아니라, 오히려 옥수수 가격이 높기 때문에 옥수수 경작지의 가격이 높은 것이라고 하였다(Ricardo, 1821, 제2장). 당시 19세기 초의 영국에서는 밀의 가격이 비싸서 큰 사회문제가 되었는데 리카도에게는 밀이나 옥수수나 같은 의미였다.

　　마찬가지로 20세기의 케인스도 그 시대의 중요 문제를 다루었고, 『일반이론』에서 공급이 항상 자신의 수요를 창출하는 것이 아니라고 하였다(Keynes, 1936, 제2장). 양차 세계대전 사이의 대불황 기간에는 총유효수요의 만성적 부족 현상이 국제적으로 부각된 중요 문제였기 때문이다. 헨리 조지는 인구의 증가, 특히 인구밀도가 높은 도시의 성장이 빈곤의 증가와 필연적으로 연관되는 것이 아니라는 점을 입증하려고 하였다. 그가 살았던 시대의 중요 사회문제는 오늘날의 문제와 비슷하였다. 그 당시 권위 있는 여러 이론이 '자연의 인색함'에 바탕을 두어 비관주의에 빠져 있었던 점이 헨리 조지의 생각과 맞지 않았다. 헨리 조지는 "우리를 태우고서 우주를 항해하는 이 지구는 풍성하게 물자를 실은 배와 같다"고 하였다(George, 1879, 제4권 제2장).

헨리 조지는 마셜과 같은 시대에 살았지만 리카도 이론을 따랐다. 예를 들어 헨리 조지는 "지대의 법칙에 관한 한 더 이상 논할 것이 없다"고 하였다(George, 1879, 제3권 제2장). 물론 헨리 조지는 리카도의 지대이론이 19세기 후반의 미국처럼 발전하는 교환경제에서 지대와 지가가 급속하게 상승하는 현상을 제대로 설명하지 못한다는 점을 몰랐던 것이 아니다. 헨리 조지도 급속한 지대 상승의 원인이 인구증가에 있다는 점을 인정하였지만 리카도와는 달리 경작의 한계가 낮아지는 현상에는 큰 의미를 부여하지 않았다. 헨리 조지는, 인구증가가 없었을 때는 잠재되어 있던 토지의 특별한 능력이 인구증가에 의해 발현되어 특정 토지와 결부

되는 현상을 중요하게 보았다(George, 1879, 제4권 제2장). 리카도 이론을 벗어난 이러한 헨리 조지의 이론은 현대의 재정문제에 많은 빛을 비추고 있다. 헨리 조지는 어느 위치든 조건이 동일한 광대한 평원에 한 가족이 이주해 오는 예를 들어 설명하였다 (George, 1879, 제4권 제2장). 이 예의 가정은 리카도 이론에 따른 지대 상승 가능성을 배제한다는 점에서 중요하다. 비옥도가 동일한 광대한 평원에서는 인구가 증가하더라도 경작의 한계가 낮아질 수 없기 때문이다. 첫 이주자가 정착하는 위치는 특별한 이유가 없이 정해질 것이지만 그 이후의 이주자는 첫 이주자의 정착지에 가까운 위치에 정착하게 될 것이다. 토마스 아퀴나스St. Thomas Aquinas(제1권 제2장)처럼 헨리 조지도 인간은 남과 어울리는 천성을 갖고 있다고 보았으나 그 관찰을 한 걸음 더 진전시켰다. 즉 사람이 모여 살면 상호교류를 통해 생활의 질을 높일 수 있을 뿐 아니라 이웃간 협력을 통해 물질적 이득도 얻을 수 있을 것으로 기대했다. 헨리 조지는, 새로운 정착지가 성장함에 따라 대장간, 마차목공소, 상점 등이 생겨날 것으로 보았다. 영업상의 이유로 이러한 시설은 중심지에 모이게 된다. 이러한 시설이 지역 내에 생기면 모든 정착민이 덕을 보지만, 첫 이주자는 이미 중심지에 위치하고 있기 때문에 외곽지에 정착한 후기 이주자에 비해 더 큰 덕을 보게 된다. 헨리 조지의 설명처럼, 정착지의 중심토지에서는 "보다 높은 종류의 생산성이 발현되기 시작한다"(George,

1879, 제4권 제2장). 이렇게 해서 첫 이주자의 토지는 다른 토지에 비해 가치가 더 많이 증가하는데, 이것은 경작의 한계가 낮아져서가 아니라 생산의 한계가 높아졌기 때문이다. 헨리 조지는 이 가치증가분을 '지대'라고 하였다. 인구가 증가하면 이러한 과정이 계속되어 정착지가 마을이 되고 마을이 도시가 되고 나중에는 대도시가 되기도 한다. 농민은 외곽으로 나갈 수 있지만 대장간과 같은 전문직종은 중심지에 위치해야 한다. 결국 첫 이주자는 흥성하는 사회의 중심에 위치하게 되고 토지를 임대하거나 팔면 일을 하지 않고도 부자로 살 수 있게 된다. 지대와 지가가 올라가면 생산된 부 중에서 자본과 노동의 대가로 가는 부분이 줄어든다. 헨리 조지의 저서의 제목이 『진보와 빈곤』인 이유도 여기에 있다.

헨리 조지는 당시의 사회적, 정치적 문제를 의식하여 이 광대한 평원의 예에서 인구증가와 지대소득의 증가, 나아가서는 극심한 빈부격차의 연관성을 강조하였다. 그러나 연관성이 있다고 해서 인과관계의 방향이 정해지는 것은 아니다. 토지가치가 대폭 상승하는 것이 인구가 어느 규모 이상으로 증가한 후라고 해서 인구증가가 지가상승의 원인 내지 유일한 원인이라고 결론지을 수는 없다.

오늘날에는 헨리 조지의 예에 명시된 내용보다 명시되지 않은 내용이 더 중요하다. 예를 들어보자. 헨리 조지의 예는, 이웃간에 자족적인 농업가구를 상정하고 각자 가정에서 쓰고 남는 물자만 교환하는 상태에서 시작한다. 대장장이 등 전문인의 등장에 따라 근본적인 변화가 온다. 자족적 농업경제가 교환경제로 바뀌는 것이다. 각종의 기업이 자족하기 위해서가 아니라, 부분적으로 때로는 전면적으로, 교환하기 위해서 생산한다. 헨리 조지는 이 근본적인 변화에 대해 언급하지 않았다. 리카도나 헨리 조지는 유효수요가 필수적이라는 사실을 인식하지 못했다. 대장장이 등 전문직업인이 새 정착지에 가게를 차리는 이유는 인구규모가 늘어나서가 아니라 적어도 생활 유지에 필요한 만큼의 유효수요가 있기 때문이다. 인구의 규모나 밀도가 유효수요의 존재를 대체로 가늠할 수 있는 지표가 될 수는 있겠지만 양자가 반드시 비례관계에 있는 것은 아니다. 또 초기에 어느 정도의 유효수요를 가진 단순한 교환사회가 형성되었다고 해도 헨리 조지가 생각한 것처럼 자동적으로 도시가 되고 대도시가 되는 것은 아니라는 점이 더 중요하다. 어느 사회의 상공업이 흥성하려면 생활과 생산에 필요한 공공서비스를 마련하기 위한 경비가 지출되어야 한다. 헨리 조지가 말한 '보다 높은 종류의 생산성', 즉 위치의 이익은, 번화가에 범죄가 판을 치고 모든 공공서비스가 끊긴다면 도저히 계속될 수가 없다. 이런 상황이 되면 중심지건 어디건 위치의 이익은 완전히 사라지고, 상공업은 공공서비스가 제공되는 곳으로 옮겨갈 것이고 인구도 일자리를 따라 빠져나갈 것이다. 헨리 조지는 위치의 이익을 누리는 토지의 가격이 치솟는 것이 실은 공공 서비스에 대한 유효수요의 표현이라는 점을 간과하였다. 헨리 조지는, 자신이 예로 든 상황에서는 지가의 상승이 토양의 생산성과 관련이 없다는 점은 인식하였지만 리카도 경제학의 영향 때문에 진짜 원인을 보지 못했다. 헨리 조지는 이전에는 토지에 잠재해 있던 천부적 요소가 인구증가로 인해 발현됨으로써 상승하는 지대도 리카도 지대의 한 형태라고 생각하는 데 그치고 말았다.

8

신고전학파의 논리

정부가 제공하는 재화와 서비스, 즉 소위 '공공필요'에는 수요가 개별적·특정적이고 공급이 분할가능한 것과 그렇지 않은 것이 있는데 후자는 정부가 조세를 재원으로 해서 생산해야 한다는 견해가 지배적이다. 그러나 조세는 사유재산 원리에 어긋난다. 공공사업과 공공지출에 의해 상승하는 토지가치는 공적 가치이므로, 토지가치를 공공수입으로 삼으면 사유재산 원리를 어기지 않고도 '공공필요'를 공급할 수 있다.

조세를 부과하면, 정부가 임의로 생산하는 재화와 서비스를 사회 전체가 강제로 매입하는 결과가 된다. 거시경제 수준에서는 조세부과가 정당하다고 주장할 수 있을지 몰라도, 미시경제 수준에서 보면 개별 납세자가 내는 세금총액은 그 사람이 정부로부터 받는 혜택과 무관하다. 그러므로 사유재산 원리 하에서 조세는 공공수입을 위한 거시경제적 수단으로서만 정당화될 수 있을 뿐이며, 개별 납세자가 세금에 상응하는 정부 혜택을 받지 않는다는 점에서 미시경제적 근거는 없다. 조세의 재분배 기능을 지지하는 쪽의 근거는 이러한 조세를 통해 일부 계층에게서 조세를 더 많이 걷고 다른 계층에게서는 좀 적게 걷을 수 있다는 데 있다. 그러나 정부가 사유재산 원리를 존중하지 않아서 부의 분배가 잘못된 것을 재분배적 조세로 시정하려는 것은 적절하지 않다. 원인이 남아 있는 한 그 결과가 완화될 수 없기 때문이다.

더구나 '납세능력의 원칙'에 의해 개별 납세자간의 '공평성'을 평가하는 조세체계를 취하기 때문에 현실은 더 어렵게 되어 있다. 정부는 실무적으로 가능한 범위 내에서 개인이나 법인에게서 징수하는 조세액과 그들의 세전 소득 간에 정$_\mathbb{E}$의 관계가 성립될 수 있도록 노력한다. 정부는 선의로 이런 노력을 하지만 출발부터 잘못된 것이다. 납세자는 누구든 세금을 달가워하지 않으며 가능한 한 조세를 전가하려고 한다. 합법적으로 조세를 피하려는 사람도 있고 때로는 불법적으로 탈세를 하는 사람도 있다. 소위 '지하경제'가 형성되는 일차적 원인은 개별 납세자가 조세에 대응하기 때문이다. 그러나 조세는 이제 보편적인 현상이 되어버렸고 공공수입원으로서 다른 방법을 모르기 때문에 납세자도 조세를 필요악으로 받아들이고 있다. 현대 경제이론에서도 정부지출은 조세수입으로 충당한다는 거시경제적 방법을 자명한 진리로 여긴다. 조세 이외의 공공수입은 정통 경제사상과 문헌에서 아예 도외시되고 있다.

재정문제에 관한 거시경제적 해결방안은 엔리코 바로네Enrico Barone(1859~1924)가 20세기 초에 쓴 저서에 잘 정리되어 있다(Barone, 1912). 첫째로, 바로네는 '공공필요public needs'를 어느 국가, 어느 시점, 어떤 연유에서든 정부가 실제로 제공하는 모든 것이라고 정의하였다. 이러한 정의에 따르면 공공필요의 내용과 정도는 반드시 경제적 요인에 의해 결정되는 것이 아니며 국가와 시점에 따라 다른 요인—예를 들면 지배적인 정치이데올로기—에 의해 정해질 수도 있다. 바로네는 공공필요에도 수요가 개별적·특정적이며 공급이 분할가능한individual and specific demand and divisible supply 것과 그렇지 않은 것 두 가지가 있다고 하였다.

바로네는 첫째 범주에 속하는 공공필요는 '수요가 개별적·특정적이며 공급이 분할가능' 하기 때문에 민간부문에서 '경제적 가격economic prices'으로 공급할 수 있고 따라서 반드시 정부가 공급해야 하는 것은 아니라고 하였다. 경제적 가격이란 개방적 시장가격일 수도 있고 독점가격 또는 다른 방식으로 합의된 가격일 수도 있다고 하였다. 오늘날의 용어로 경제적 가격은, 생산자가 공급가격(최저이윤을 포함하는 생산비용)을 완전히 충당할 수 있는 가격수준이라고 할 수 있다. 바로네는, 첫째 범주의 공공필요에 해당하는 재화와 서비스는 민간기업이 생산할 수 있으며 그 중에는 정부가 생산하는 것이 더 유리한 것도 있다고 하였다.

바로네가 정의한 공공필요의 둘째 범주, 즉 '수요가 개별적·특정적이며 공급이 분할가능한 것'이 아닌 것은 애덤 스미스가 '필수적 정부지출 사항'이라고 했던 재화와 서비스를 의미한다고 해석할 수 있다. 이러한 재화와 용역은 교환경제가 원활하게 움직이기 위해 필수적임에도 불구하고, 바로네가 논했듯이, 통상적인 시장기구에서는 공공필요에 대한 수요가 자동적으로 유효수요로 표현되지 못하므로 민간기업이 이를 생산할 수 없다. 민간부문의 생산자가 볼 때, 공급을 분할할 수도 없는데다가 최저이윤을 포함한 공급가격(생산비용)을 충당하기 위해 가격협상을 할 구매자도 없다는 점이 문제이다. 바로네는 이런 경우에 정부 주도가 불가피하다고 하였다. 정부가 주도한다면 필요한 비용을 감당할 충분한 공공수입을 확보해야 한다.

바로네도 대부분의 재정학자처럼 공공수입은 조세수입이라고 하였다. 바로네도 정통이론에서처럼 조세가 경제적 필요성에 의해 정당화된다고 하였다. 바로네의 두 번째 범주에 속하는 공공필요는, 정의에 의해, 개별 가격(경제적 가격)으로는 비용을 충족할 수 없고 조세(정치적 가격)로 충당해야 한다. 이 두 번째 범주의 공공필요를 마련하려면 정부가 개인의 소득을 기준으로 조세를 매겨 총비용을 사회 전체에 강제로 배분하는 것 이외의 다른 대안이 없다고 하였다. 조세부과에 대한 거시경제적 근거는 바로 이

'다른 대안 없음'에 있다.

바로네는 또 "개인private persons은 공공재를 수요하지 않는다"고 하였다. 그러나 이러한 결론이 용어의 정의로부터 당연히 도출되는 것은 아니다. 물론 예를 들어 핵잠수함에 대한 '개별적·특정적 수요'는 없을 것이다. 그렇다고 해서 개개인이 모여 집합적으로, 사회에 적절한 자위수단을 마련하기 위해 이런 무기를 수요하는 경우가 없다고 단정할 수는 없다. 바로네는 공공재 공급의 규모는 일종의 투표를 통해 다수결 방식으로 정해진다고 보았다. 그리고 다수결에 의해 공공재의 공급규모가 결정되면 조세총액도 결정되며 이 조세는 '확립된 원칙에 따라' 각 납세자에게 배분된다고 하였다. 바로네는 이러한 논리에 의해, 오늘날 용어로 '공공부문'이라고 하는 것의 규모는 납세자가 용인할 수 있는 조세액의 범위 내에서 다수결로 정해진다고 하였다. 그 후 프레스트A. R. Prest도 바로네와 비슷한 견해를 펴면서 "이와 같이 경제원리의 궁극에서는 경제원리와 정치원리가 혼재하는 접경지대가 나타난다"고 하였다(Prest, 1960). 프레스트는, 현대 경제학자는 이러한 '경제원리의 궁극'에서는 적절한 투표원리를 만들어 정치적 해결을 추구하여야 한다고 결론을 내렸다. 이처럼 공공수입은 언제나 조세수입일 수밖에 없다고 전제하기 때문에 재정학자는 해결책을 제시하지 못하는 학문을 한다는 회의에 이르고 만다.

바로네의 논리가 경제분석의 범위 밖으로 표류하기는 했으나 그가 재정학에 중대한 공헌을 했다는 사실은 무시할 수 없다. 바로네는, 교환경제가 효율적으로 작동하기 위해 필요한 모든 것을 민간부문과 시장력만으로 다 마련할 수는 없다는 점을 순전히 경제학적 근거를 통해 보여주었다. 공공필요의 두 번째 범주에 속하는 재화와 서비스를 마련하기 위해서는 정부주도가 필요하다. 바로네는, 정부주도에 의해서만 공급될 수 있는 공공필요의 범주가 있다는 사실을 경제학적 기준에 의해서 입증하고 이를 바탕으로 하여 공공수입의 문제를 연구하였다. 이 문제에 대해 바로네는, 근거가 불충분한, 그러나 정통경제학에서는 자명한 것으로 받아들이는 전제(즉 조세로 공공수입에 충당한다는 전제―옮긴이)에 입각하여 답을 제시하였다. 만일 이 전제를 포기한다면, 정부주도에 필요한 수입을 어떻게 조달할 것인가라는 분명한 의문을 해결해야 한다.

바로네보다 앞서 프랑스의 경제학자 르루아볼리외Paul Leroy-Beaulieu(1843~1916)도 "민간주도가 정부주도를 대체할 수 없는 경우가 많이 있다"고 하였다(Leroy-Beaulieu, 1906). 그는 이 논거를 통해 조세의 필요성을 정당화하였고 또 조세를 줄여서는 안 되는 경우도 있다고까지 하였다. 르루아볼리외는 "정부가 조세를 추가로 부과하지 않고 그 추가액만큼의 돈을 민간에게 주면 국민이 스스로 이런 문제를 해결할 수 있을 것이라고 아무도 단언할 수 없다"고 하였다. 이러한 말은 마치 제2차 세계대전 이후의 수요측면 학파의 이론을 선전하는 것 같은 느낌이 들지만, 르루아볼리외가 민간소득의 12퍼센트를 넘는 조세는 지나치다고 보았음을 알아야 한다. 그러나 그의 주장은 현재 우월적 지위에 있는 공급측면 학파의 정책처방과는 대조적이라는 점에서 주목된다. 세Say는 "최선의 조세는 최소의 조세"라고 했는데 공급측면 학파는 이러한 황금률로 되돌아간 듯한 이론을 내고 있다. 이 황금률은 납세자에 대해 직접적인 호소력을 가지므로 표를 모으려고 하는 정치인에게도 호소력이 있다.

철도의 예

정부주도의 필요성에 대한 예로 르루아볼리외는 당시에 거론되던 철도건설 문제를 들었다. 철도가 건설되면 그 주변 지역에 널리 혜택을 줄 수 있지만 철도건설 수혜자의 대다수는 철도를 직접 이용하지 않을 것이고 따라서 철도의 공급비용을 부담하지 않게 된다고 지적하였다. 일부 상인은 철도를 이용하여 물자가 부족한 곳—따라서 가격이 비싼 곳—으로 상품을 수송할 것이므로 그 철도요금을 통해 철도공급가격을 부담한다. 이들 상인이 얻는 순혜택은 수송지 시장의 상품가격 차액에서 철도요금을 뺀 나머지가 된다. 그러나 종전의 시장에서 영업을 계속하는 다른 상인의 경우도, 철도건설 전에 비해 경쟁이 줄어들므로 가격이 유리해질 것이다. 이들은 철도건설로 인한 혜택을 철도 소유자로부터 공짜로 받는 셈이 된다. 르루아볼리외는, "바로 이런 점 때문에 민간으로서는 수행할 수 없는 상당수의 공공사업이 존재하게 된다. 이런 공공사업이 사회적으로 이익이 많더라도 민간기업은 이를 수행할 수 없다"고 하였다. 그러나 그는 정통경제학과 마찬가지로 민간기업이 모든 정부기업을 대신할 수는 없다는 이유로 조세 부과에 찬성하였다. 르루아볼리외는 철도건설로 인해 이익을 얻는 각 수혜자에게서 철도의 이용 여부에 관계없이 얻는 이익을 시장가격으로 징수할 수 있는 대안은 생각하지 못했다.

철도시설의 건설·유지에 드는 고정비용(자본비용)과 철도운행에 드는 가변비용(운영비용)을 구분하면 르루아볼리외가 제시한 철도건설의 예는 설명력이 더 생기고 초점도 더 분명해진다. 총공급가격 중 철도운영 비용은 공급의 분할가능성이 어느 정도 있기 때문에 철도서비스를 직접 이용하는 사람에게 부담시킬 수 있다. 또 이러한 비용에 대해서는 특정한 수요를 가진 구매자가 존재하며 판매자 또한 존재한다. 철도서비스의 구매자와 판매자라는 두 당사자는 다른 경우처럼 상호 이익을 기대하며 교섭을 통해 가격을 정할 수 있다. 구매자가 정하는 상한선은 철도서비스를 이용함으로써 얻을 수 있을 것으로 기대하는 혜택인데, 르루아볼리외의 예에서는 수송지 시장에서의 상품가격 차액이 그것이다. 판매자가 정하는 하한선은 서비스를 실제로 제공하는 데 들어가는 추가공급가격(한계비용)이다. 철도시설이 이미 되어 있을 경우에 철도서비스를 제공하는 데 필요한 운영비용은 바로네가 말하는 공공필요의 첫째 범주에 속한다. 이런 비용은 바로네가 말한 '정치적 가격'(조세)에 의해 충당되어야 할 정부지출이라고 할 수 없다. '경제적 가격' 내지 시장가격으로 충당이 가능하기 때문이다. 물론 사정에 따라서는, 바로네가 말했듯이, 철도서비스를 공공부문이 제공하고 그 서비스에 대한 시장가격을 징수하는 것이 더 유리한 경우도 있을 것이다.

그러나 철도를 건설·유지하는 데 드는 자본비용은 철도서비스를 제공할 수 있는 잠재력을 조성할 뿐이다. 잠재력에 의한 혜택은 철도의 영향권 내에서 생활, 생산, 교환하는 사람들에게 돌아간다. 철도시설의 이용도가 높고 철도서비스의 질이 우수할수록 잠재력이 전체 사회에 혜택을 주는 정도가 높을 것이다. 그러나 철도에 대한 사회적 수요가 있다고 해도 개별적·특정적 수요는 철도서비스에 대한 것일 뿐 철도시설에 대한 것은 아니다. 그러므로 철도시설의 공급은 분할이 불가능하다. 철도시설은 철도서비스를 통해 실현될 수 있는 잠재력을 조성할 뿐이며 서비스를 제공하지 않는 철도시설은 고철에 불과하다. 그래서 철도시설을 건설·유지하는 경우에는 보통의 시장과는 달리 개별교섭을 통해 충분한 대가를 직접 확보할 수 없다. 철도시설에 대한 유효수요가 있다고 해도 철도시설의 자본비용은 바로네가 분류한 두 번째 범주에 속하므로 공공수입으로 충당하여야 한다. 그런데 미국의 여객용 철도서비스는 바로네 이론과는 전혀 다른 방식으로 이루어지고 있다. 철도는 민간에서 소유하고 여객서비스는 공공수입의 지원을 받아 정부가 담당하고 있다. 영국의 철도와 비교해 볼 때 미국 철도의 운영실적은 형편없다.

철도회사나 이와 유사한 기업의 경우, 정부기업이건 민간기업이건 간에, 고정비용과 가변비용을 포함하는 총공급가격을 회수하도록 사용요금을 정하면 악순환에 빠져 결국 상당액의 정부보조금을 지원받아야만 파산을 모면할 수 있다. 요금이 비싸면 잠재적 고객을 끌어들이지 못하게 되어 요금을 다시 인상하지 않을 수 없게 된다. 요금이 오르고 이용자가 줄면 투하된 자본이 저사용되고 낭비되어 모두가 손해를 보게 된다. 조세수입을 통해 이런 기업을 유지하려고 하면, 정부가 직접 운영하건 사기업에 보조금을 주어 운영하도록 하건, 마치 히드라의 목을 자르는 것처럼 효과가 나지 않는다. 조세의 성질상 개별 납세자가 내는 세액과 각자가 받는 정부서비스는 무관하기 때문이다. 사회의 어떤 계층은 받는 서비스보다 세금을 더 내야 하고 또 어떤 계층은 내는 것보다 더 많이 받는다. 정부소유 기업이 그 비용의 전부 또는 일부를 조세수입에서 지원받는다면, 어떤 계층은 기업이 산출하는 외부경제, 즉 공공혜택public benefits이 자신에게 필요한지 또는 자신에게 돌아올지도 모르면서 많은 세금을 내기도 하고 반면에 어떤 계층은 이를 공짜로 누리기도 한다. 이러한 사회에서는 소득과 부의 분배상태가 점점 더 나빠지고, 경제왜곡, 불의, 사회적 긴장이 나타난다. 물론 외부의 지원이 없는 시장만 가지고는, 민간부문이 원활한 교환경제에 필요한 모든 재화와 서비스를 조달하지 못하는 경우도 있다. 그러나 정부주도가 필요한 이런 경우에도 조세수입에 의지해서 문제를 해결하려고 하면 문제가 더욱 복잡해진다.

시장은 교환경제의 핵심이고 시장의 기본적인 메카니즘은 교섭과정이다. 교환이 국제적으로 이루어져서 국제시장이 형성되더라도 교섭은 개별 구매자와 판매자 사이에서 이루어진다. 교섭과정의 결과에 따라 시장가격이 결정된다. 특정한 수요를 가진 개별 구매자가 없거나 공급이 분할가능하지 않은 경우에는, 직접적인 교섭이 생길 수 없고 시장이 생산자에게 가격이라는 신호를 줄 수 없다. 원활한 교환경제에 필요한 재화와 서비스가 이런 종류의 것이라면 정부주도가 민간주도를 대신해야 한다. 민간부문에서 사적 소득으로 사적 비용에 충당하듯이 정부부문에서도 공공수입을 통해 공공비용에 충당해야 한다. 지금까지 이 문제에 관한 재정학 이론을 발전시키는 데 바로네, 르루아볼리외 등 20세기 초의 학자들이 기여한 내용을 살펴보았다. 그러나 이들은, 정부주도에 필요한 경비를 마련하는 데 조세 이외의 방법은 없다고 전제함으로써 학문적 기여가 희석되고 말았다. 후대의 학자도 역시 그들의 전제를 받아들임으로써 이 문제는 아직 미해결인 상태로 남아 있다.

마셜의 학문적 성과

앨프리드 마셜Alfred Marshall(1842~1924)은 『경제학 원리 Principles of Economics』에서 재정문제를 독립된 항목으로 다루지는 않았다. 지방세 문제가 부록에 실려 있는 정도이다(부록 G). 조세문제도 이곳저곳에서 언급하고 있으나 다른 주제를 다루면서 부수적으로 언급했을 뿐이다. 이 때문에 마셜이 재정이론에 중대한 공헌을 했다는 사실이 드러나지 못했고 후대의 학자들도 이에 주목하지 않았다. 특히 제5권 제10장과 제11장에서 마셜은 정부의 지출 및 활동과 토지의 시장가격의 관계를 밝히고 있다. 이 두 장은 바로네가 말한 '정치적 가격에 의한 정부주도' 문제를 상당한 정도 해결해준다. 마셜은 공공사업과 공공지출은 외부경제를 발생시키고 그 결과는 토지가치 상승으로 나타난다고 지적하였다.

마셜은 한계비용 문제를 다룬 2개 장에서, 명시적으로는 아니지만, 리카도 지대이론은 교환경제에 적용될 수 없다고 지적하였다(Marshall, 1890, 제5권 제10, 11장). 그리고 교환경제에서 토지의 생산성과 가치는 그 토지의 사용자가 얻을 것으로 예상되는 기회의 양에 의해 정해진다고 하였다. 또 농업토지 문제를 다루면서(Marshall, 1890, 제5권 제10장), 외부경제는 대체로 사회 번영의 산물product of growing public prosperity이라고 하였다. 그 결과 마셜은 토지의 '사적 가치private value'와 '공적 가치public value'를 구분하게 되었다. 마셜이 말하는 사적 가치는 토지의 연간 순가치net annual value of land 중 토지의 소유자와 사용자가 노력과 비용을 들여 형성한 부분이다. 그리고 토지의 연간 순가치 중에서 사적 가치를 제외한 부분이 공적 가치이다. 사적 가치와 공적 가치를 합한 토지의 연간 순가치는 전부 또는 대부분 인간의 노력과 비용에 의한 것이므로 리카도 지대이론에 의해 결정되는 것이 아니라고 하였다. 리카도 이론에서 지대는 "원초적이고 파괴할 수 없는 토양의 힘the original and indestructible powers of the soil"에서 생긴다고 하였는데(Ricardo, 1821, 제2장), 원초적이며 파괴할 수 없는 것은 인간의 노력에 의해 생기는 것이 아니다. 그러나 마셜은 공적 가치와 사적 가치를 구분하고서도 이를 일관되게 사용하지 않고, 리카도 지대이론처럼 "토지의 연간 가치를 진정한 지대true rent라고 볼 수 있다"고 함으로써 초점을 흐려놓고 말았다.

마셜은, '토지의 연간 공적 가치에 대한 특별세'의 효과를 검토하는 부분에서 진정한 지대라는 리카도 식의 용어를 썼는데 이 때문에 그 자신도 혼란에 빠진 듯하다(Marshall, 1890, 제5권 제10장

4). 마셜은 진정한 지대에 '특별세'를 매기면, 토지경작방법을 개량하기 위한 토지소유자의 비용지출을 저해한다고 하였다. 즉 정상이윤을 초과하는 순수익을 예상하여 토양의 잠재적 자원을 개발하려는 노력을 저해한다는 것이다. 그러면서도 마셜은 이 초과수익은 진정한 지대에 해당하므로 특별세의 대상이 되어야 한다고 결론지었다. 토양의 잠재적 자원에 대한 대가는 리카도 식의 지대라고 볼 수는 있지만, 마셜이 정의한 '연간 공적 가치' 또는 '진정한 지대'가 될 수는 없다. 토지소유자가 기대하는 초과수익은 토지경작방법의 개량을 위한 지출의 직접적인 결과이다. 경작방법을 개량한다고 해서 토양의 잠재적 자원이 개발된다고 볼 근거는 없다. 따라서 마셜의 첫 번째 정의에 의한다면 토지소유자의 지출은 '토지의 연간 공적 가치'를 증가시키는 것이 아니라 그 사적 가치만을 증가시킬 뿐이다. 그러므로 정상이윤을 초과하는 대가의 예상액은 특별세의 대상이 되지 않는다. 실제로 그 결과는 마셜이 예견했던 것과는 반대로 나타나기 쉽다. 특별세가 토지의 연간 공적 가치에 부과되면 토지소유자의 토지개량 지출을 저해하는 것이 아니라 오히려 자극할 것이다. 기술혁신을 이룩한 사람은 그 개량에 대한 독점적 지위를 누리므로 지출에 대한 순수익이 정상이윤을 초과하는 재미를 맛볼 수 있을 것이다. 이 점이 기술혁신에 대한 당근으로 작용한다. 시장력이라는 요소는 경쟁관계에 있는 사람들에게 채찍으로 작용한다. 이들은 상호경쟁

을 피할 수 없으며 만일 이를 피하면 경쟁력을 잃어 시장점유율이 낮아지거나 때로는 영업이 끝장나고 만다. 개량이 보편화되면 자유시장에서의 경쟁을 통해 초과수익이 줄며, 장기적으로 보면 가격이 낮아지거나 품질이 높아지거나 하여 그 혜택이 소비자에게 돌아간다.

'도시적 가치와 한계비용'이라는 제목의 장(Marshall, 1890, 제5권 제11장)에서 마셜은, 공공의 노력과 비용지출이 토지의 시장가격과 연관성이 있다는 증거를 보여주었다. 그러나 공연히 새 용어를 사용하여 자신의 학문적 성과를 희석시키고 말았다. 마셜은 '산업환경의 일반적인 진전'에 의해 외부경제 또는 외부불경제가 발생하고 특정 토지의 사용자가 이로부터 순이익을 얻는 경우를 상정하고, 순이익의 금전가치를 '상황가치situation value'라는 용어로 표현하였다. 이와 관련된 마셜의 이론을 요약해보자. 상황가치로 인해 그 토지의 사용자가 얻을 수 있는 연간 초과소득이 '상황지대situation rent'이다. 어느 토지의 각 산업(농업 포함)에 대한 상황가치는 그 토지의 '농업가치agricultural value'를 초과하는 금액이다. 토지의 농업가치는 그 토지의 사용자에게 주는 자연의 공짜선물이다. 상황가치와 농업가치를 합한 것이 '총토지가치aggregate site value'이다. 총토지가치는 토지에 대한 직접 개량 결과를 감안한 토지의 시장가격으로서, 예를 들어 건물이 있는 토지라면 그 건물이 없다고 할 때의 시장가격을 말한다. 상황가치의 대부분은 공적 가치이다. 마셜은 여러 가지 불필요한 용어를 만들어 각종 예외를 인정하기도 했지만, 상황가치의 대부분이 공적 가치라고 분명하게 지적하였다. 마셜이 인정한 예외는 개인이 비용을 지출하여 상황가치가 발생한 경우로서 이 상황가치는 사적 가치가 된다고 하였다.

상황가치 중 예외적인 경우를 설명하기 위해 마셜은 르루아볼리외처럼, 당시의 유명한 쟁점이었던 철도건설의 예를 들었다. 마셜은 여기에서 재정문제를 다루려고 한 것이 아니라 단지 상황가치의 상승을 사적 이윤으로 볼 것인지 공적 가치로 볼 것인지만을 판단하려고 하였다. 토지소유자가 연합하여 철도건설 비용을 대고 철도가 비용 이상의 수입을 얻지 못할 것으로 예상되는 경우에는 철도사업으로 인해 증가된 토지가치는 사적 가치로 보아야 하며 이는 상황가치의 상승이 토지의 공적 가치가 아닌 사적 가치를 증가시키는 예외적인 경우라고 하였다. 이 예를 통해 마셜은, 토지소유자가 자본을 직접적인 토지개량에 투입하지 않더라도 외부경제를 제공하여 토지가치를 올릴 것으로 예상되는 사업에 투입하는 경우에는 모두 예외로 보아야 한다고 결론을 내렸다.

그러나 마셜은 철도의 영향권 내에 있는 토지의 소유자가 철도사업에는 투자하지 않는 경우를 고려하지 않았다. 새로운 철도사업은 이에 투자한 사람의 토지에나 투자하지 않은 사람의 토지에나 똑같은 경제적 영향력을 미친다. 새로운 철도사업의 영향권 내에 있는 일부 토지의 가치가 오르면 영향권 내 모든 토지의 가치가 오르기 마련이다. 이것은 바로네의 두 번째 범주에 속하는 공공필요의 성질, 즉 공급을 분할할 수 없다는 성질 때문이다. 그리하여 투자하지 않은 토지소유자도 사업의 외부경제로 인한 토지가치 상승의 이익을 얻게 되는데 이것은 투하자본에 대한 이윤이나 사적 가치가 아니며 투자한 사람으로부터 받은 공짜선물이나 마찬가지이다. 따라서 이것은 사적 가치가 아니라 공적 가치이다. 마셜은 투자하지 않은 사람의 경우를 고려하지 않았기 때문에 르루아볼리외와는 달리 한 가지 유형의 사업의 가능성을 빼먹고 말았다. 즉 사회 전체에는 도움이 되는 사업이지만 그 사업주가 자신의 투자로 인해 혜택을 입는 모든 사람에게서 대가를 받을 수 없기 때문에 수익성을 잃는 유형이 그것이다. 마셜이 이런 가능성을 다 고려했다면 공적 가치와 사적 가치를 다른 식으로 정의하여 경제학 발전에 더 큰 공헌을 했을 것이다.

같은 장에서 마셜은 "토지소유자의 특별한 비용지출에 의해 발생하는 것도 아니고 또 비용지출의 유인을 토지소유자에게 주지도 않는, 자연의 공짜선물에서 생기는 순소득의 증가는 사실상 지대로 간주되어야 한다"라고 썼다(Marshall, 1890, 제5권 제10장 1). 여기에서도 마셜은 리카도 식의 용어를 사용했기 때문에 문제를 복잡하게 만들고 있으며, 투자하지 않은 토지소유자 문제를 해결하지 못하고 있다. 투자하지 않은 토지소유자가 얻는 순소득 증가분은 자연의 공짜선물이 아니라, 다른 사람의 사업과 비용지출에 의한 외부경제의 공짜선물이다. 앞장에서 마셜이 진술하였던 내용이 이 문제에 적용될 수 있다. 마셜은 "황무지 인근에 산업인구가 증가하면 토지소유자가 손을 대지 않고 천연상태로 놔두더라도 황무지의 가치는 폭등하게 된다"고 하였다(Marshall, 1890, 제5권 제10장 4). 여기서 마셜은 토지가치의 상승은 "개별 토지소유자가 아닌 일반 대중의 행위"에 의해 생긴다는 것을 분명히 진술하였다. 이 토지가치는 인간의 행위에 의해 생긴다는 점에서 리카도 지대가 아니며 그 때문에 마셜이 이를 공적 가치라고 본 것이다. 황무지의 예에서 볼 때, 토지소유자가 투자하지 않은 사업으로 인해 토지가치가 상승하면 이를 공적 가치로 보아야 한다는 결론이 도출된다.

재정학의 관점에서 볼 때 마셜의 연구는 혼란스러워 자신의 커다란 학문적 공적을 깎아내리는 면이 있다. 그렇지만 마셜은, 분할이 불가능한 공급의 경우에 그 공급의 화폐가치, 즉 공급가격이 토지가치 증가로 나타난다는 점을 분명히 보여주었다. 그러한 공급이 토지에 외부경제 또는 혜택을 조성할 경우에 이런 결과가 나타난다. 이 혜택은 처음에는 당시의 토지사용자에게 공짜선물로 주어지나, 토지에 대한 사유재산권이 인정되는 사회에서는 그 토지를 매각한다든지 임대료를 재조정할 경우에 그 이익의 화폐가치가 토지소유자에게 돌아간다. 엔리코 바로네는 두 번째 범주의 공공필요는 그 수요가 개별적·특정적이 아니라고 하였지만, 마셜은 이것도 우회적인 방법으로는 개별화·특정화될 수 있음을 보여주었다. 토지가 매각되거나 임대료가 재조정될 때에는 개별 판매자가 존재하며, 또 일반적으로 분할이 불가능한 공급이 이때에는 사실상 분할된다. 또한 이때에는 개별 구매자가 토지매입자 또는 토지임차인의 형태로 존재하며 그 필지의 사용자가 얻게 될 이익에 대한 특정적 수요도 있다. 두 당사자, 즉 구매자와 판매자 또는 토지소유자와 임차인은 보통의 방식대로 교섭을 성립시켜 시장가격을 형성한다. 이 가격에서 두 당사자는 모두 이익을 얻을 것으로 예상한다. 이와 같이 마셜은 헨리 조지의 업적을 발전시켰으며, 시장력의 작용을 통해 공공사업과 공공지출의 가치가 토지의 시장가격에 반영되는 모습을 신고전학파적인 용어로 보여주고 있다.

9

공공수입

토지의 가치는 사적 가치와 공적 가치의 합이다. 사적 가

치는 토지소유자가 '직접' 토지에 개량을 가한 결과로 생

기는 가치이고 공적 가치는 토지사용에서 기대할 수 있는

외부경제를 말한다. 공적 가치는 정부주도 사업에 대한 사

회 전체의 유효수요를 반영하므로 공적 가치를 징수하고

조세를 철폐하면 정부도 민간기업과 같은 원리에 따라 재

정을 운용하게 되어 재정의 방만함을 방지할 수 있다.

중농학파와 헨리 조지가 명백히
지적하였고 앨프리드 마셜 등의 이론에서도 추론할 수 있듯이,
토지가격은 조세와 같은 자의적인 수단을 쓰지 않고도 공공수입
을 확보할 수 있는 열쇠가 된다. 토지의 시장가격은 사실, 바로네
가 말한 '수요가 개별적·특정적이고 공급이 분할가능하지 않
은'(Barone, 1912) 재화와 서비스의 시장가격을 나타낸다. 흔히 쓰
는 토지소유자라고 하는 용어보다는 영국법에서 사용하는 용어
가 더 분명하다. 보통 토지소유자라고 하는 사람은 실제로는 토지
의 자유보유권자freeholder라고 부르는 것이 정확하다. 소유 대상
이 토지 그 자체가 아니라 '토지에 대한 자유보유재산권freehold
property rights'이기 때문이다.* 자유보유재산권의 시장가격은 두
가지 요소, 즉 마셜의 용어에 의하면 사적 가치와 공적 가치의 합

계이다. 마셜이 정의한 사적 가치는 범위가 너무 넓어 '상황가치'
라는 개념과의 관계에서 문제가 생겼다는 점이 아쉽다. 애초에
아무런 개량물이 존재하지 않은 토지의 자유보유권의 사적 가치
는 시장가격 중에서, 과거와 현재의 자유보유권자 또는 토지사용
자가 '직접적으로' 그 토지에 노력과 비용을 들여 조성한 개량물
improvements을 거래할 때 구매자가 판매자에게 지불하려고 하는
금액을 말한다. 이러한 개량물을 사적 가치라고 부르는 이유는
두 가지이다. 첫째로 토지개량물은 최초로 조성된 후 자유보유권
자가 어느 기간 동안 점유할 수밖에 없기 때문이다. 둘째로 자유
보유권자가 토지개량물에 대한 재산권을 향유하는 것이 사유재
산 원리에 부합하기 때문이다. 사적 가치는, 정의에 의해, 현재의
자유보유권자가 발생시킨 것으로 추정되거나, 다른 반증이 없다
면 자유보유권자가 증여 또는 정당한 교환을 통해 그것을 발생시
킨 사람한테 양수한 것으로 추정된다. 사적 가치로부터 나오는
소득은 현금이건 현물이건 사적 소득이다. 자유보유권자가 직접
적으로 그 토지에 노력 내지 비용을 투입한 데 대한 대가이기 때

● 이 책에서는, 토지 자체를 소유하는 것이 아니라 토지에 대한 제한 없는 권리를
소유하는 것이라고 하면서 그러한 권리를 '자유보유재산권' 또는 '자유보유권'
이라는 용어로 표현하고 있다. 그러나 자유보유재산권은 우리 민법상 소유권과
차이가 없고 따라서 토지에 대한 자유보유권자는 토지소유권자 또는 줄여서 토
지소유자라고 보아도 무방하다.─옮긴이

문에 이는 사적 가치이다. 자유보유권자가 아닌 토지사용자의 투입에 대한 대가는, 토지사용계약에 따라 다를 수 있지만, 대체로 계약기간 중에는 토지사용자의 사적 소득이 된다.

이처럼 사적 가치를 자유보유권자의 소득이라고 추정하더라도, 토지소유가 사유재산 원리에 어긋난다고 보는 존 스튜어트 밀의 견해(Mill, 1848)와 배치되는 것은 아니다. 밀의 견해의 근거는, 토지는 자신이 직접 생산한 것도 아니고 다른 토지생산자가 있어 그로부터 증여 또는 정당한 교환을 통해 취득했다고 입증할 수도 없다는 데 있는데, 이런 논거를 인정한다고 해도 위와 같이 추정하는 데 지장이 없다. 자유보유권의 사적 가치는 개인 또는 법인의 노력과 비용에 의해 오랜 세월에 걸쳐 조성되었고 그 소유권은 여러 판매자와 구매자를 거쳐 현재 토지의 자유보유권자에게 선의로in good faith 이전되어 왔기 때문이다. 오래 전에 자유보유권의 권원freehold titles이 정복이나 사기에 의해 취득되었다고 해도 지금에 와서 이를 문제삼기는 곤란하다. 취득이 부당했다고 하더라도 오랜 세월이 지난 후에 이의를 제기하게 되면 사태가 더 악화된다. 바로 이 때문에 대부분의 국가에서 시효제도를 두고 있다. 그러므로 최근의 반증이 없다면 현재의 자유보유권자가 그 토지에 결부된 사적 가치에 대한 소유권을 갖는다고 추정하는 것이 좋다. 이러한 추정은 사적 가치에 의해 생긴 모든 소득에 대해 성립한다. 사유재산 원리에 충실히 따르자면, 정부는 자유보유권의 사적 가치에 대해 조세를 부과하거나 사기·강박 등 부당한 방법으로 사적 가치를 박탈할 권리기 없다. 오히려 정부는 개인과 법인에게 자유보유권의 사적 가치를 완전히 향유하도록 보호해야 할 의무가 있다. 자유보유권의 사적 가치에 의해 생긴 소득 역시 모두 사적 소득이기 때문에 정부의 보호의무가 적용된다. 사적 가치나 사적 소득에 대한 조세를 채무처럼 강제하는 것은 원초적 부당성을 호도하는 것밖에 안 된다.

토지에 대한 자유보유재산권의 공적 가치는 토지의 시장가격 중에서 순외부경제에 대해 구매자가 판매자에게 지불하려고 하는 금액을 말한다. 여기서 순외부경제란 토지사용자가 토지의 점유와 사용을 통해 얻을 수 있을 것으로 예상하는 이익을 말한다. 이렇게 정의되는 공적 가치는 마셜이 말한 상황가치와 일치한다. 앞에서 사적 가치를 정의할 때에는 '직접적으로'라는 수식어가 있었지만 공적 가치의 정의에는 이 수식어가 없다. 달리 표현하면, 공적 가치는 자유보유권의 시장가격에서 그 사적 가치를 뺀 나머지가 된다. 자유보유권의 공적 가치를 발생시키는 원인은 사회 전체의 활동이며 특히 그 중에서도 정부당국에 의한 공공재와 공공서비스의 제공이 중요하다. 헨리 조지도 지적했고 경험적으로도 인정할 수 있듯이, 작은 마을이 소규모 교환중심지에서 대도시로 성장함에 따라 토지가 천문학적 가격으로 거래되는 경우가 개발도상국에서는 흔히 생긴다. 이것은 정부가 도로포장, 상하수도 공급, 가로등 설치, 질서유지 등 필요한 공공지출을 할 경우에만 가능하다. 공공지출이 이루어지지 않는다면 작은 마을은 진흙탕이 되고 질병과 무질서로 인해 마비되고 말 것이다. 오늘날 대도시의 지가가 비싼 것은 주로 공공지출에 의해 높은 공적 가치가 형성되기 때문이다. 『더 타임스The Times』(1986년 10월 7일자)에 좋은 사례 하나가 보도된 적이 있다. 영국에서 상위 20위권 내에 드는 공립(수업료 무료) 에일즈버리 그래머스쿨Aylesbury Grammar School에 관한 기사에서 "학부형이 이 학군으로 이사를 하기 때문에 주택가격이 상승했다"고 보도했다. 이 상승분은 우수한 학교가 그 학군에서 증가시킨 공적 가치를 나타낸다. 우수한 교육에 대한 특정적인 수요가 있고 능력 있는 학부모가 시장에서 그 가격을 지불하려고 한다. 오늘날 학부모 중에는 이 가격을 사립학교 수업료로 지불하는 경우도 있고 비싼 주택가격을 통해 공립학교의 '무료' 교육에 대해 지불하는 경우도 있다. 현행의 법과 재정정책에 의하면, 이 사례에서의 공적 가치 증가분은 사적 가치처럼 자유보유권을 매각하는 사람에게 돌아간다.

영국정부는 영불터널-런던 간의 고속철도의 건설에 따른 자본비용과 환경비용을 철도사용자에게 부담시킨다는 방침을 발표한 바 있다. 이 사업으로 인해 철도 영향권 내의 부동산가격은 대폭 상승할 것으로 예상된다. 그런데 정부가 사업으로 인한 공적 가치를 사적 가치로 간주하기 때문에, 철도이용자는 비싼 요금을 무는 반면 자유보유권자는 막대한 개발이익을 챙기게 되었다. 이런 정책을 쓰면 요금이 비싸지고 서비스에 대한 수요가 줄어 사회 전체가 손해를 본다.

자유보유권의 사적 가치와 공적 가치는 사람들이 오랫동안 노력과 비용을 들임으로써 생기며 또 다른 생산물과 마찬가지로 파괴될 수도 있다. 이처럼 두 가치는 '원초적이고 파괴할 수 없는' 가치가 아니기 때문에 엄격한 의미의 리카도 지대가 될 수 없다. 그러나 두 가치 모두 현대적 개념의 지대를 발생시킨다. 현대적 개념의 지대는 '공급이 일정한 생산요소의, 이전소득transfer earnings을 초과하는 잉여소득'이라고 정의된다.* 사적 가치를 발생시키는 토지개량물과 공적 가치를 발생시키는 외부효과라는 두 요소가 나타나기까지는 시간이 걸리므로 그 동안에는 공급이 일정하다고 볼 수 있다. 그 동안 기존의 토지개량물을 사용하거나 기존의 외부효과 혜택을 얻는 토지를 사용하는 사람은 '공급이 일정한 생산요소의, 이전소득을 초과하는 잉여소득'이라는 의미의 지대를 얻는다. 또한 자유보유권의 사적 가치와 공적 가치는 일상적인 의미의 지대인 임대료hire charge도 발생시킬 수 있다. 예를 들어 토지사용에서 각종 혜택과 이익이 생기고 또 토지

---

* 현대적 개념의 지대는 토지 외에서도 발생하며, 이런 지대는 환수하더라도 경제에 아무런 지장을 초래하지 않는다는 특징이 있다. —옮긴이

의 공적 가치로부터 추가적인 소득도 있을 것으로 예상될 때 그에 대해 정기적으로 지불하는 금액인 임대료를 지대라고 부르기도 한다. 그러나 경제학에서 토지에 대한 자유보유재산권의 사적 가치와 공적 가치를 지대라고 부르는 것은, 꼭 잘못이라고 할 수는 없더라도, 혼동의 소지는 있다. 한 예로 지대라는 용어가 갖는 리카도적인 측면 때문에 앨프리드 마셜도 실수를 하였다. 사적 가치로 인해 생긴 소득은 사적 소득private income이고, 구매자가 특정 토지를 사용함으로써 누리는 각종 외부효과의 대가로 판매자에게 정기적으로 지불할 것으로 예상하는 금액은 '공공수입 public revenue'이다.* 이 설명은 사유재산 원리에 부합한다. 공적 가치public value는 국민일반에 의해, 특히 공공기관public authorities에 의해 조성되므로 공적 가치에 의한 소득은 공공수입이다. 정부는 국민을 대표하여 이러한 수입을 징수하는 것이 국민에 대한 '의무'다.

토지는 인간이 노력과 비용을 들여서 만들 수 있는 대상이 아니기 때문에 토지 그 자체는 사적 가치든 공적 가치든 가질 수 없다. 이런 가치는 인간의 행위에 의해서만 생긴다. 토지는 마셜의 표현처럼 '자연의 공짜선물'이며 정부가 공적 가치를 징수하는 의무를 다한다면 토지는 자유재free good이다. 간척을 하면 토지가 '생산'된다고 할지 모르지만, 이는 간척하기 전에도 토지가 존재했다는 사실을 무시하는 이야기이다. 간척사업에 투입된 인간의 노력과 비용에 의해 바닷물로 덮여 있던 토지에서 물을 제거하여 마른 토지로 바꾸었을 뿐이다. 마른 토지에 대한 자유보유 재산권은 상황에 따라 사적 가치, 공적 가치, 또는 둘 다를 가질 수 있다. 스페인 지중해안의 태양, 모래, 수려한 경관은 수천 년 내려왔지만 이 지역은 가난했고 재산권 가치는 얼마 되지 않았다. 그런데 오늘날 이 지역의 재산권 가치가 비교적 높은데, 이런 현상은 재산권소유자에 대한 자연의 공짜선물이 아니라 북유럽의 번영과 교통수단의 발달과 도로·공항의 건설과 기타 각종 공공서비스를 창출한 많은 사람들의 노력과 비용이 만들어준 선물이다. 이러한 노력과 비용 덕에 수많은 사람이 지중해에서 휴가를 보낼 수 있게 됨으로써 이 지역에 공적 가치와 유효수요가 창출되었다. 사적 가치의 증가를 목적으로 하는 투자도 공적 가치의 상승에 따라 경제성을 갖게 되었고 이 두 가치가 결합함으로써 이 지역의 대부분에서 재산권 가격이 치솟게 되었다.

토지는 천연자원과 다르다. 양자는 유사성이 있기는 하지만 차이점이 더 중요하다. 토지와 천연자원은 인간의 노력에 의해 생산되지 않으며 그 자연적 위치에 존재한다는 점에서 비슷하다. 그러나 유사성은 이 정도일 뿐이다. 천연자원이라고 하기 위해서는 자원의 위치가 알려진 것이어야 하고 현재로서는 이 자원을 사용하지 않고 자연적 위치에 그냥 놔둔다고 해도 유효수요가 현재 있거나 앞으로 있을 것으로 예상되는 것이어야 한다. 예를 들면 석유에 대한 유효수요가 있기 때문에 석유는 천연자원이다. 미국에서는 원유가 지표에 흘러나오는 땅을 나쁜 땅으로 간주하던 시절이 있었다. 그 시대에는 원유에 대한 유효수요가 없었고 지표에 원유가 나오면 농사를 짓지 못했기 때문이다. 시간이 흘러 원유에 대한 유효수요가 생기자 과거의 '나쁜 땅'은 유전이 되었다. 이 나쁜 땅에 대한 재산권은 가치가 폭등하여 토지소유자는 아무런 노력도 비용도 들이지 않고 큰 부자가 되었다. 천연자원natural resources과 미가공 물자raw materials도 구별할 필요가 있다. 예를 들어 석탄이 자연적 위치에 매장된 채 사용되지 않으면 천연자원이지만 석탄을 캐는 광부에게는 미가공 물자가 된다.

앨프리드 마셜이 황무지를 예로 들어 전개한 논리(Marshall, 1890, 제5권 제10장)에서 추론하면, 천연자원도 공적 가치를 발생시키므로 정부가 공적 가치를 징수하는 의무를 이행한다면 천연자원 발굴사업은 정부가 주도해야 한다는 결론이 나온다. 그렇다고 해서 거대한 국가기업을 만들어 공공부문을 확대하자는 의미는 아니다. 정부가 민간의 전문기업에 의뢰하여 경쟁적인 기초 위에서 사업을 하는 방식이 대체로 유리하기 때문이다. 영국에서는 천연자원을 토지재산권 대상에서 제외하여 공공자산으로 취급하려는 움직임이 어느 정도 진척되어 있다. 예를 들어 자유보유권이 지하의 석유에까지는 미치지 않기 때문에 우연히 석유를 발견했다고 큰 부자가 되는 경우는 있을 수 없다. 민간기업이 석유탐사에 나서려면 영국정부의 허가를 받아야 한다. 토지와 천연자원의 중요한 차이점은, 토지는 인간의 노력과 비용으로 만들지 못하지만 천연자원은 인간의 노력과 비용의 산물이라는 점이다. 천연자원은 인간의 노력과 비용이 투입된 사업을 통해 발굴하여 유효수요를 충족시키기 때문이다.

공공부문

8장에서도 언급했듯이 엔리코 바로네 등 대부분의 재정학자는 공공부문의 규모가 경제적 요인보다는 정치적 요인에 의해 정해진다고 전제한다. 정통경제학 이론도 '경제원리의 무력함the very bareness of the economic principles'이 작용하는 분야가 있다고 함으로써 이 전제를 뒷받침하고 있다(Prest, 1960, p.65). 실제로 정부는 거의 정치적 편의 내지 이데올로기에 기초를 둔 다수결방식으로 공공부문의 영역을 정하고 있다. 앨프리드 마셜은, 사적 가치가 정의되면 상황가치는 자동적으로 정의되는데도 상황가치에 이런저런 예외를 두었기 때문에 자신의 업적에 흠집을 내고 말았다(Marshall, 1890, 제5권 제11장). 예를 들면 앞에서도 지적하였지만 마셜은 상황가치의 대부분이 공적 가치라고 인정하면서도 토지소유자가 타인의 토지에 철도를 건설하여 자신의 토지에 상황가치를 발생시키다면 이 상황가치는 토지소유자의 사적 가치라고 하였다. 이렇게 생긴 소득은 투자에 대한 이윤이라는 것이다. 마셜의 논리는 현실의 관행을 반영할 뿐 경제학적으로는 명료하지 않다. 그러나 토지에 대한 자유보유권의 사적 가치를 앞에서처럼 정의함으로써 공적 가치와 마셜의 상황가치를 정확하게 일치시키면, 공공부문의 규모를 정치적 고려가 아닌 경제적 원리에 따라 정할 수 있다.

정부가 공적 의무를 이행하여, 모든 공공수입을 징수해서 공공경비에 충당하면서 조세를 폐지하는 경우를 가정해보자. 이런 경우에는 마셜이 지적한 것처럼 상황가치의 일부가 사적 가치가 되는 예외적인 경우란 생기지 않는다. 자유보유권자는 직접적으로 토지개량에 투자함으로써 사적 소득과 수익을 통해 충분한 투자

대가를 기대할 수 있을 때에만 투자를 하게 된다. 이런 투자는 자유보유권의 사적 가치를 높이며 때로는 공적 가치도 높일 수 있다. 예를 들어 어느 낡은 동네에서 두세 필지가 개량되면 그 자체의 사적 가치도 오르지만 부수적으로 그 동네의 모든 필지의 가치를 올리는 수도 있다. 그러나 자유보유권자는 인류애적 입장에서가 아니라면 자신의 사적 가치보다 공적 가치를 더 올리는 사업에는 투자를 하지 않는다. 이런 경우에는 사업의 상업성을 확보할 만큼의 충분한 투자대가가 나오지 않는다는 사실을 투자자가 미리 안다. 정부는 상황가치 중에서 마셜이 자본투자에 대한 대가를 보장하기 위해 사적 이윤으로 인정해야 한다고 주장한 부분도 공공수입으로 보아 징수한다. 위와 같이 가정하는 경우에, 마셜이 지적했던 그 예외가 공공부문의 범위를 결정하는 경제적 원리를 잘 나타내준다. 이 경제적 원리에 입각한다면 공공부문의 영역이 의회의 다수결에 따라 결정되는 악습이—이것은 바로네가 인정한 방식이고 또 현대 각국 정부가 당연한 듯이 여기는 방식이다—사라지게 된다.

정부가 모든 공공수입을 징수하는 반면 조세와 같은 방식으로 사적 소득을 걷지 않는다면, 최저이윤을 포함하는 총공급가격을 회수할 수 있을 정도의 사적 가치 내지 사적 소득을 얻는 모든 사업을 시장력과 민간주도에 맡길 수 있다. 이렇게 되면, 사회 전체로서는 유효수요가 있으나 사적 투자자의 노력과 비용에는 적당한 대가가 돌아가기 어려운 재화와 서비스를 공급하는 것으로 공공부문의 영역이 한정된다. 바로네가 말했듯이, 이런 성격의 유효수요는 정부가 공공기금을 사용하여 해결해야 된다. 정부가 이와 같은 경제적 원리에 따른다면, 실제로 유효수요가 존재하는지 그리고 그 크기가 어느 정도 되는지를 판단할 수 있는 비용편익 분석이 정부의 정책결정 구조에 내장된 것으로 볼 수 있다. 정부가 공공기금을 사용하여 재화, 서비스 또는 기타 혜택을 공급할 때 그에 대한 사회 전체의 수요가 유효수요라고 해보자. 그렇다면 공적 가치와 예상수입도 증가하여 공급가격 전체를 충당할 수 있을 정도가 되거나 적어도 공급가격 중 보통의 시장가격을 받아서는 부족한 부분을 충당할 수 있을 정도는 된다. 만일 공적 가치와 예상공공수입이 예상공급가격을 충당할 정도까지 증가하지 않는다면 이것은 정부주도로 사업을 벌여야 할 만큼의 유효수요가 사회에 존재하지 않는다는 의미가 된다. 이와 같이 조세를 철폐하는 동시에 정부가 분별 있게 행동한다면 공공수입은 그 정의에 의해 모든 공공경비를 충당할 수 있다. 뿐만 아니라 정부는 정치적 수요는 있으나 유효수요가 없는 사업(즉 공적 가치나 공공수입을 증가시키지 않는 사업)까지도 공공기금을 사용하여 시행할 수 있는 여유가 생길 것이다.

위에서도 언급했듯이 공적 가치와 공공수입의 일부는 국민일반이 공공경비와 관계없이 자신의 이익을 추구하는 과정에서 자동적으로 만들어진다. 공공경비에 충당하기 위한 공공수입의 원천을 조세에 의존하기 때문에 정부는 재정적 제한에서 벗어나 양출제입이라는 잘못된 원리에 따라 재정을 운용하게 된다. 정부가 공공수입의 징수라는 공적 의무를 이행하고 경제적 원리에 입각해서 행동한다면 정부 재정도 민간부문과 같은 원칙에 따라 운용된다. 이러한 상황에서는 정부도 해마다 예상공공수입에 지출을 맞추지 않을 수 없고 이에 따라 정부재정의 방만함을 막는 바람직한 장치가 마련된다.

10

개혁의 길

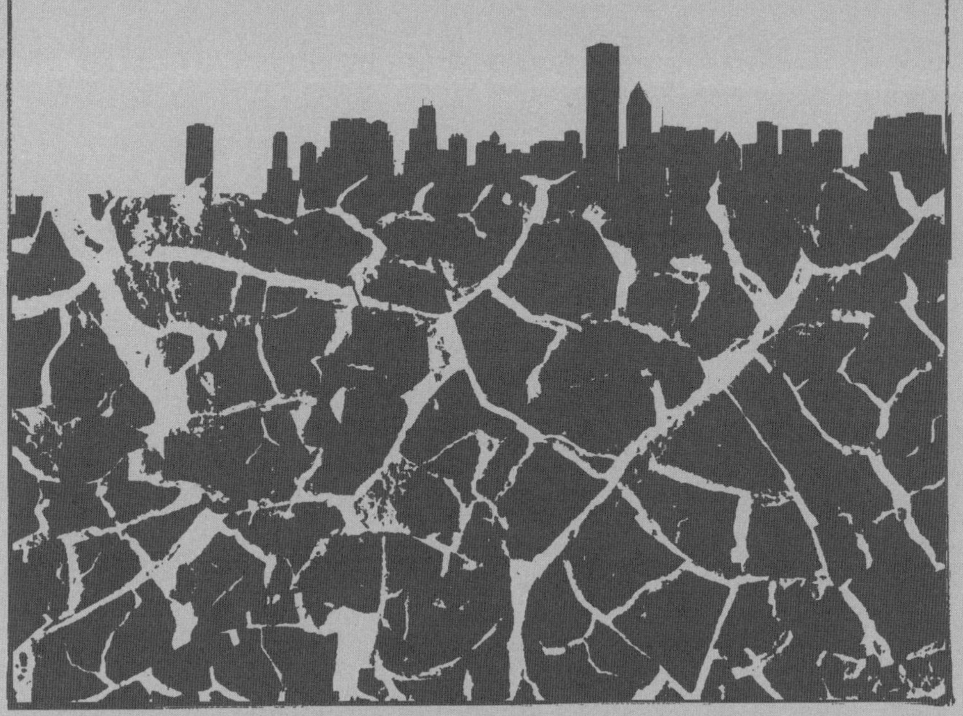

모든 조세를 철폐하고 정부가 공적 가치의 징수라는 의무

를 이행하는 것이 인플레이션과 실업 등 현대 교환경제에

고질화된 중요 사회경제문제를 해결할 수 있는 전제조건이

다. 정부재정이 이렇게 근본적으로 변화해야만 사회정의,

안정적 물가수준, 경제호황이 동시에 성취될 수 있으며 환

경문제의 해결에도 도움이 된다.

제로 인플레이션이라는 정책목표를 저실업률, 광범위한 사회복지, 경제호황이라는 목표와 함께 달성하려면 고수준의 정부지출이 필요하다. 이 지출을 고수준의 조세나 정부차입으로 충당하려고 하면 다른 목표는 몰라도 제로 인플레이션은 달성할 수 없다. 정치인은 표를 얻기 위해 여러 가지 공약을 하겠지만 정권을 얻은 후에는 공약을 지킬 수 없게 된다. 케인스 이론과 콜린 클라크의 논문에서 추론되듯이 조세는 필연적으로 물가를 올리며 생산을 왜곡·제약한다. 조세액이 국민순생산의 일정 비율을 초과하면 정부는 선택의 기로에 선다. 경제불황 속에서 제로 인플레이션을 유지하느냐, 외견상의 호황 속에서 지속적인 인플레이션을 감수하느냐의 선택이다. 이 책에서 주장하듯이 모든 조세를 철폐하고 정부가 공공수입의 징수라는 공적 의무를 이행하는 것이 인플레이션과 실업 등 현대의 산업화된 교환경제에 고질화된 중요 사회경제문제를 해결할 수 있는 전제조건이다. 정부재정이 이렇게 근본적으로 변화해야만 사회정의, 안정적 물가수준, 경제호황이 동시에 성취될 수 있다. 이러한 변화를 이룩한다고 해서 모든 문제가 즉시 풀리는 것은 아니지만 적어도 상당한 정도의 효과는 즉시 나타난다.

정부재정의 근본개혁에는 시간이 걸릴 것이고 또 나라의 사정에 따라 개혁을 성취하는 방법도 다를 것이다. 첫 단계의 개혁작업은 현재의 공적 가치를 완전하게 평가하고 평가 자료를 가능하면 매년 새롭게 보완할 수 있는 행정제도를 만드는 것이다. 이것은 그리 어려운 작업이 아니며, 전문평가사에 의하면 과거 잉글랜드와 웨일즈의 지방세 부과를 위해 사용하던 평가방식보다 쉽다고 한다. 1963년에 영국의 평가협회The Rating and Valuation Association에서 위츠터블Whitstable U.D.C. 지역을 대상으로 9개월간 실험적인 조사를 한 적이 있다. 이 조사는 지방세를 대체할 개혁안을 지지하기 위한 목적으로 실시된 것이다. 이 조사에서 평가된 공적 가치는 이 책에서 정의된 것과 같다. 공적 평가가 끝나고 그 결과가 공표되면 그 후 1년 정도 이의신청 및 조정 기간이 필요하다. 이런 경험에 비추어볼 때 영국에서 개혁 법안이 하원을 통과한다면 약 3년 후에는 전국적인 평가를 마치고 징수를 개시할 수 있을 것으로 보인다.

최초의 공적 가치 평가 때에는, 공공수입이 상당한 액수가 되기는 하겠지만 현재의 조세수입 총액에 비하면 일부에 불과할 것이다. 평가협회가 실시한 실험적 조사에서는 최초의 평가에 의한 공공수입은 당시 지방세액 정도의 규모가 되었다고 한다. 그러나 다년간의 영국 자료를 보면 국민순생산 중의 조세수입 비율과 가처분 재산소득 비율은 음의 관계가 있다(Burgess, 1973). 조세의 비율이 변화함에 따라 가처분 재산소득은 그에 반비례하여 변화하였다. 표준적인 국가회계체계에서는 공적 가치에 의해 산출된 소득은 가처분 재산소득으로 분류된다. 그러므로 조세를 줄이면 공적 가치가 상승할 것이고, 그렇게 되면 또 조세를 줄일 수 있게 된다. 직접적인 징수가 가능한 공적 가치를 징수하고 같은 금액의 조세를 감면하는 첫 단계를 거친 후에 정부는 경제가 새로운 환경에 적응하는 기간 동안 기다려야 한다. 정부재정을 근본적으로 개혁하는 과정을 일단 시작한 후 정부가 경제사정에 맞추어 추진해나가면 결국 모든 조세를 철폐하고 완전한 공적 가치를 징수하는 데 이르게 된다.

모든 조세감면은 궁극에는 공적 가치를 상승시킨다. 그러나 정부는 국세건 지방세건 경제에 바로 필요한 혜택을 줄 수 있는 조세부터 선택하여 감면하는 것이 중요하다. 예를 들어 영국에서라면 기업이 부담하는 사회보장세(일종의 고용세)를 가장 먼저 없애면 노동자를 고용하는 모든 기업의 노동비용을 즉시 줄여주기 때문에 실업을 빨리 줄일 수 있다. 실업이 줄면 사회보장혜택 청구액이 줄어 결국 정부지출이 절약될 뿐만 아니라, 국내 기업의 노동비용이 줄어 외국 기업에 대한 경쟁력도 자동적으로 높아지므로 국제수지 역조를 시정하는 데도 도움이 된다. 반면 소비수요의 확대가 절실히 필요한 경우에는 소득세 기초공제액을 높여 조세를 줄이는 것이 좋을 것이다. 이렇게 하면, 소득증가액의 대부분을 지출할 것으로 예상되는 계층의 돈이 즉시 늘어나는 결과가 되기 때문이다. 이것 역시 정부지출을 줄일 가능성이 많다. 소득세 납세자의 수가 줄면 국세청의 업무가 감소하기 때문이다. 정부재정 방식을 효과적으로 고쳐나가려면 조세를 감면할 때 단기적 정부목표의 달성 이외에 정부지출의 감소에 미치는 영향도 고려하는 것이 중요하다. 예를 들어 영국의 소득세 평균세율을 25퍼센트에서 20퍼센트로 내리는 데 우선순위를 두게 되면 납세자에게 가장 좋고 소비수요도 다소 확대되겠지만 그로 인해 정부지출이 줄어들 가능성은 별로 없다.

환경문제가 매우 예민한 관심사항이 되고 있는 이 시대에 정부재정의 근본적 개혁안은 특히 중요한 의의를 갖는다. 조세 대신 공적 가치를 걷는 방식을 취할 때 정부는 환경파괴의 결과를 완화하는 정도를 넘어서 그 원인을 상당히 제거할 수 있게 된다. 환경오염은 오염자에게 이익이 되는 한 계속될 것이고 이익이 되지 않으면 중단될 것이다. 처벌적인 조세를 통해서도 오염의 이익을 박탈할 수는 있겠지만 이런 정책은 경제 전체에 부담을 주기 때문에 채택하기 어렵다. 오염자의 이익은 오염의 피해를 입는 사람들에게 외부불경제가 되고 공적 가치를 줄여 정부의 공공수입을 줄인다. 정부가 오염에 의한 공공수입 감소액을 자동적으로 오염자로부터 징수하여 보충하는 제도가 확립된다면 환경오염의 이익이 없어 오염이 중단될 것이다. 예를 들면 하천이 질소 과잉으로 오염된다면 상수도 회사의 채수권採水權의 공적 가치가 떨어질 것이고 그에 따라 공공수입도 줄어든다. 이런 원인에 의한 공공수입 감소액을 비료 사용 농민이 물어야 한다는 사실을 농민이 안다면, 비료에 의한 생산증대는 이익은커녕 오히려 손실이 되기 때문에 농민은 질소비료의 과다 사용을 중지할 것이다. 오늘날과 같은 상황에서는 이와 같이 오염의 원인을 제거하는 방법을 적용할 수 있는 분야는 넓다.

공공수입의 징수는 정부의 공적 의무이며 징수액은 자의적인 공과금이 아니다. 따라서 경제학적인 의미의 조세가 아니다. 공공수입도 개별 기업의 공급가격에 포함되지만 조세와 달리 총공급가격을 상승시키지는 않는다. 공공수입의 징수는, 공적으로 생산된 외부효과가 어느 토지에 미칠 때 그 외부효과의 시장가격을 토지사용자에게서 걷는 것이다. 즉 생산기업이 생산과정에서 소비되는 서비스와 원료에 대해 대가를 지불하듯이 공적으로 생산된 외부효과에 대해서도 대가를 지불한다는 것이다. 이들 대가는 경제 전체로 볼 때에는 상쇄되어 없어진다. 이들 두 대가의 차이점이라면 공공수입은 생산과정에서 소비되는 양에 따라 정해지는 것이 아니라 공적으로 생산된 외부효과 중 사용토지에서 이용 가능한 양에 따라 정해진다는 점이다. 이로 인해 토지계획이 쉬워지고 환경에도 좋은 효과를 준다. 이윤추구를 목적으로 하는 기업은 생산의 경쟁력을 유지하는 데 필요한 외부효과를 이용할 수 있는 위치에 자리를 잡을 수밖에 없다. 다른 위치에서는 불필요한 외부효과의 대가를 부담해야 하거나 필요하지만 공급되지 않는 외부효과를 스스로 조성해야 하기 때문에 가외의 비용이 든다. 또 정부의 개입이 없더라도 도시의 평면확산urban sprawl 현상이 줄고 사적인 선택에 의한 집중개발 형태로 변화할 것이다.

조세수입에서 공공수입으로 옳게 이행하기 위해서는, 정부가 총수입을 높일 생각으로 감세에 인색해서는 안 된다. 조세가 철폐될 때 공공수입은 분별 있는 정부가 공공서비스를 마련하는 데 필요한 총비용보다 많아진다. 이것은 자명한 현상으로서, 공적 가치의 상당 부분이 공공지출과 관계없이 일반 주민에 의해 자동적으로 생산되기 때문이다. 예를 들면 기차역 인근의 토지는 역을 이용하는 승객이 많으면 그 혜택으로 공적 가치가 증대된다. 이와 같은 공적 가치의 증대는 추가적인 공공지출을 유발하지 않는다. 과거 철도회사들은 이러한 가외의 이익을 잘 알고 있었기 때문에 역을 짓기 전에 인근 토지를 매입하는 것이 보통이었다.

이런 경우처럼 공공지출을 초과하는 공공수입은, 공공지출을 충당할 만큼의 공공수입을 올리지 못하는 사회복지정책을 실시할 수 있는 재원이 된다.

우리 시대의 과제는 진정으로 정의로운 사회 속에서 충실한 생활을 할 인간의 천부적 권리를 실현하기 위해 각성하는 일이다. 이러한 각성을 위해서는 경제학이 선도적 역할을 해야 한다. 경제에 대한 무지로 인해 시장이 세계의 인구를 속박하기 때문이다. 경제학자는 스스로 '문명 가능성의 수탁자'(케인스의 표현임. 제1장 참조-옮긴이)가 될 수 있는 연구를 하여야 한다. 그러기 위해서는 현대 교환경제의 본질을 통찰하고 그 바탕 위에 정부와 유권자에게 학문의 목적에 맞는 정책처방을 제시해야 한다. 경제학뿐만 아니라 모든 학문의 목적은 인간의 충실한 생활에 있다. 정치인도 사회의 충복이라는 역할이 있다. 정치인은 일시적인 정치적 이해관계에 매여 정책을 판단해서는 안 되며 올바른 대안을 피하거나 모르는 척해서도 안 된다. 학문적 지식을 바탕으로 하여 모든 중요한 대안에 대해 자유롭고 충실하고 정직하게 벌이는 토론에 정치인이 귀를 기울여야 정치적 민주주의가 이룩될 수 있다. 이 책에서 제시한 견해가 이러한 토론에 도움이 되기를 희망한다.

인용 문헌

Aquinas, Thomas, *On Princely Government.*

Barone, Enrico, *Giornale degli Economisti*, April/May 1912.

Beveridge, William H., *Full Employment in a Free Society*, 1944.

Bruce C. J., "The Wage Tax Spiral: Canada 1953–70," *The Economic Journal*, 1975.

Burgess, Ronald, *Fanfare to Action*, Economic Study Association, 1973.

Clark, Colin, *The Economic Journal*, 1945

Clark, Colin, *Taxmanship*, Institute of Economic Affairs, Hobart Paper, No. 26.

Dalton, Hugh, *Principles of Public Finance.*

Dernbury, Thomas, *The Macroeconomic Implication of Wage Retaliation Against Higher Taxation*, International Monetary Fund Staff Papers, Nov. 1974.

Friedman, Milton, *The Counter-Revolution in Monetary Policy*, Institute of Economic Affairs, 1970.

George, Henry, *Progress and Poverty*, 1879.

Harrod, Roy F., *The Life of John Maynard Keynes*, 1951.

Hicks, John, *Economic Perspectives-Further Essays on Money and Growth*, OUP, 1977.

Hicks, John and Ursula Hicks, *The Incidence of Local Rates in Great Britain*, National Institute of Economic and Social Research, 1945.

Hicks, Ursula, *The Economic Journal*, vol. LVI no. 221(1946).

Johnson, Harry G., *The Keynesian Revolution and the Monetarist Counter-revolution*, 1971.

Keynes, John M., *The General Theory of Employment, Interest and Money*, 1936.

Leroy-Beaulieu, Pierre Paul, *Traite de la Science des Finances*, 1906.

Marshall, Alfred, *Principles of Economics*, 1890.

Mill, John S., *Principles of Political Economy*, 1848.

Nozick, Robert, *Anarchy, State and Utopia*, Basic Books, 1974.

Phillips, A. W., "The Relationship between Unemployment and the Rate of Change in Money Wage Rates in the United Kingdom, 1861-1957," *Economica*, vol. 25(1958): 283-99.

Prest, A. R., *Public Finance*, 1960.

Quesnay, Francois, *La Physiocratie, ou Constitution Naturelle du Gouvernement le plus Avantageux au Genre Humain*, 1768.

Ricardo, David, *The Principles of Political Economy and Taxation*, 1821.

Smith, Adam, *The Wealth of Nations*, 1776.

　　현대 선진국 경제의 큰 문제인 인플레이션과 실업이 발생하는 주된 원인은 조세다. 조세는 정부가 납세자에게 제공하는 서비스와 개별적 대가관계가 없이 부과하는 강제 기여금으로서, 사유재산원리에 어긋나며 일반적으로 물가를 높이고 실업을 유발한다. 그런데도 공급측면 학파와 수요측면 학파는 다 같이 정부의 재원으로서 조세 이외의 다른 대안을 제시하지 못하기 때문에 경제문제를 해결하지 못한다.

　　조세는 기업의 총공급함수를 직접 변화시키는 '공급효과조세'(예: 부가가치세)와 총공급함수를 직접 변화시키지는 않고 가처분소득만 줄이는 '소득효과조세'(예: 소득세)로 나눌 수 있다. 공급효과조세를 인상하면 물가가 오르거나 산출과 고용이 줄거나 두 현상이 같이 일어난다. 소득효과조세를 인상하면 이런 현상이 바로 나타나지는 않지만 납세자가 조세 인상에 반발할 경우에는 조세전가가 일어나서 공급효과조세를 인상한 것과 같은 결과가 생긴다. 특히 조세총액이 국민순생산의 일정 비율을 넘으면 지속적인 조세 인플레이션이 일어나며, 이를 억제하기 위해 조세를 인상하는 등 통화긴축정책을 쓰면 경제성장이 제약되고 결국에는 스태그플레이션 상태에 이르고 만다. 또 모든 고용관련세는 (기업이 부담하건 피고용자가 부담하건) 임금교섭폭을 줄여 임금 협상을 어렵게 하고 특히 기업의 노동절약적 투자를 촉진하여 일자리를 지나치게 줄일 수 있다. 따라서 현대의 경제문제를 해결하려면 정부수입을 조세 아닌 다른 수입원에서 조달해야 하며 또 정부도 민간부문처럼 지출을 수입에 맞추는 양입제출의 원칙을 확립하여 공공지출에 한도를 두어야 한다.

수요가 개별적·특정적이 아니고 공급이 분할가능하지 않은 사업을 민간이 담당한다면 사업비용을 회수하기 어렵다. 그러므로 사회 전체로서는 유효수요가 있는데도 이와 같은 이유로 민간이 담당할 수 없는 사업은 정부가 담당해야 한다. 이런 사업은 주변 토지에 외부효과로 작용하여 토지가치에 반영되기 때문에 사업의 혜택이 필지별로 개별화·특정화되어 나타난다. 또 국민 일반이 각자의 이익을 추구하는 과정에서도 외부효과가 발생하여 토지가치에 반영된다. 토지가치 중 토지개량물을 제외한 나머지의 가치는 모두 정부와 일반 국민이 생산한 외부효과의 가치, 즉 공적 가치이다. 정부는 이러한 공적 가치를 징수하여 공공수입으로 해야 할 의무가 있으며 정부지출도 이 범위에 국한시켜야 한다.

토지의 공적 가치는 정부활동 이외에 국민 일반의 활동에 의해서도 발생하므로 공적 가치를 징수하면 사회적 유효수요가 있는 사업 이외에 정치적으로 필요한 사업도 감당할 수 있다. 토지의 공적 가치는 토지사용자가 얻는 외부효과의 대가이기 때문에 토지의 공적 가치의 징수는 경제적인 의미의 조세가 아니며 따라서 조세와 같은 부작용이 생기지 않는다.

처음에는 토지의 공적 가치의 총액이 정부지출을 모두 충당할 만한 금액이 되지 않을 수도 있다. 그러나 조세를 감면하면 그로 인해 토지의 공적 가치가 올라가므로 결국에는 모든 조세를 철폐할 수 있게 된다.